KOSMOS – Discover Global Affairs

MInter Group s.r.l.
Collana di libri di Geopolitica

Copyright @ 2024 MInter Group s.r.l.
Piazza Achille Venzaghi 2, 21052 Busto Arsizio (VA)
https://www.mintergroup.eu

Progettazione grafica e impaginazione
Michele Pavan

Coordinamento Editoriale
Kaitlyn Elizabeth Rabe

Con il contributo di Mondo Internazionale APS

ISBN: 9798335245289

KOSMOS

Discover Global Affairs

INDEX

IL QUADRO GEOPOLITICO DELLO SPAZIO: LA POSIZIONE EUROPEA E LE OPPORTUNITÀ STRATEGICHE PER L'ITALIA 2

GIANMARCO BANDINELLI 2

LA POLITICA ESTERA IRANIANA TRA LACERAZIONI INTERNE E CONFLITTI REGIONALI 20

MICHELE GIOCULANO – HEAD RESEARCHER, MONDO INTERNAZIONALE G.E.O. - POLITICA 20

THE DRAGON AND THE TEARDROP: A CAUTIONARY TALE ON CHINA'S "DEBT TRAP" DIPLOMACY? 38

MATTEO GABUTTI – AUTORE PER L'AREA TEMATICA "SOCIETÀ" PRESSO *MONDO INTERNAZIONALE POST* 38

ETHIOPIA'S SITUATION THROUGH THE YEARS, AMID INTERNAL TENSIONS AND COMPLICATED RELATIONS WITH NEIGHBORING STATES 73

ALICE RAMBALDI – JUNIOR RESEARCHER, MONDO INTERNAZIONALE G.E.O. POLITICS 73

L'INTERVENTO EUROPEO NEL SAHEL: PROSSIMI PASSI NELLA RIARTICOLAZIONE 108

JAOHARA HATABI – SENIOR RESEARCHER, MONDO INTERNAZIONALE G.E.O. POLITICA.............................. 108

IL RUOLO DELLA CLAUSOLA INCOTERM "EX WORKS" NEI CONTRATTI DI COMPRAVENDITA INTERNAZIONALE: TRA LUOGO DI CONSEGNA E FORUM LITIS 147

ARIANNA GUGLIOTTA - CONTRIBUTO SPECIALE, IN COLLABORAZIONE CON ELSA Italy Law Review - 147

Il Quadro Geopolitico dello Spazio: la Posizione Europea e le Opportunità Strategiche per l'Italia

Gianmarco Bandinelli

Abstract

In tutti questi anni, le attività spaziali hanno arricchito l'esperienza umana ed oggi si pongono al centro di una nuova fase spaziale, quella della c.d. *New Space Economy*. Una fase di nuovo impulso, di nuovo sviluppo che ha già rivoluzionato il modo di vivere quotidiano e che continuerà a farlo grazie a nuove scoperte e nuove tecnologie. Una corsa i cui portavoce principali sono Stati Uniti e Cina, rispettivamente affiancati da Europa e Russia, in un *collage* di partenariato pubblico-privato. In questo quadro strategico globale dello Spazio, l'Italia è riuscita a ritagliarsi un angolo di forti competenze e grandi potenzialità, acquisendo un ruolo di rilievo nel settore aerospaziale europeo.

Over the years, space activities have enriched human experience and today they are at the centre of a new space phase, known as the so-called New Space Economy. A phase of renewed momentum, of new development, which has already revolutionized daily life and will continue to do so thanks to new discoveries and technologies. A race whose main players are the United States and China, respectively joined by Europe and Russia in a collage of public-private partnerships. In this global strategic framework of Space, Italy has managed to carve out a corner of strong expertise and great potential, acquiring a prominent role in the European aerospace sector.

Parole chiave: Dominio Spaziale, Counterspace, Regolamentazione Giuridica, Diplomazia, Industria Spaziale

Keywords: Space Domain, Counterspace, Legal Regulation, Diplomacy, Space Industry

I. Il Dominio Militare e la *Counterspace*

Attraverso la tesi di Carl Schmitt è facile ricondurre l'uomo ad un essere di *pólemos*, quasi corrotto da una natura intrinseca di conflittualità e contrasti dovuti al continuo interesse storico di *"occupazione della terra"*. In un simile contesto la conoscenza si fa portatrice di certezza e coerenza che, tuttavia, agiscono in un ambiente di per sé incoerente, in cui l'ampliamento della propria sicurezza riduce quella altrui, cadendo nel c.d. "dilemma della sicurezza" di John Hertz (1950)[1]. Per sua natura lo Spazio ricopre un ruolo strategico nell'ambito dell'acquisizione di informazioni e in ciò può contribuire ad accrescere la conoscenza necessaria per lo sviluppo di una situazione di sicurezza collettiva, sia per questioni militari che per ragioni scientifiche e sociali. Per questo motivo, gli assetti spaziali sono divenuti essenziali per il supporto strategico alle operazioni militari[2], fornendo *Situational Awareness* (SA) e *Information Superiority* circa gli apparati militari avversari e, più in generale, per

---

[1] E. Guida, *Intelligence. Costante storica, variabile teorica e prospettive post-bipolari* (Milano: Ledizioni, 2016) pp. 79-81

[2] Il riconoscimento dei domini *Cyber* e Spazio da parte della NATO, avvenuti rispettivamente in occasione del vertice di Varsavia nel 2016 e dell'incontro a Bruxelles nel 2019. Il dominio spaziale è stato poi riconosciuto come "dominio operativo" nella politica spaziale NATO del gennaio 2022. Stato Maggiore Della Difesa, *Approccio della Difesa alle Operazioni Multidominio* (S.l., Edizione 2022), https://www.difesa.it/smd/staff/sottocapo/ugid/documenti-prodotti/31787.html, 1-2, 6-7.

il controllo situazionale dello Spazio a garanzia di un suo utilizzo più consapevole e sicuro. Fra le principali attività spaziali quella di *Intelligence, Surveillance and Recoinnassance* (ISR), in cui l'*Earth Observation* (EO) ricopre certamente un ruolo primario, sia in ambito militare che civile[3]. Altra categoria, le Comunicazioni satellitari (SATCOM) per la trasmissione di informazioni in tempo reale e l'intercettazione radio per mezzo della *Signal Intelligence* (SIGINT), centrale per ogni struttura dedita ad attività di comando, controllo e comunicazione (C3) [4]. Il *Positioning Navigation and Timing* (PNT) ricomprende, invece, i c.d. *Global Navigation Satellite Systems* (Gnss), come il Gps americano o il Galileo europeo, il BeiDou cinese o il Glonass russo. Infine lo *Shared Early Warning* (SEW), di specifico appannaggio militare. Offre la capacità di rilevare attacchi missilistici con conseguente possibilità di allarme, difesa e risposta[5].

L'importanza e la centralità di simili assetti spaziali rendono logico il loro riconoscimento come

---

[3] Dati e informazioni di questo genere si rendono fondamentali per attività di *targeting* e conoscenza situazionale del nemico, morfologia del terreno, monitoraggio di siti di lancio di *Intercontinental Ballistic Missile* (ICBM) e molto altro. In ambito civile: sostegno alla Protezione Civile; applicazione di misure di contrasto al dissesto idrogeologico e agli incendi; supporto nel settore agricolo e meteorologico; impieghi commerciali.

[4] A titolo esemplificativo, nell'operazione *Enduring Freedom* del 2001 i satelliti offrirono il 60% delle telecomunicazioni militari, mentre nella successiva *Iraqi Freedom* ne garantirono l'80%.

[5] A. Marrone, M. Nones, "Spazio e difesa: un legame crescente. Executive summary", *Documenti IAI, 22|02* (Roma: 23 febbraio 2022), 1-5, https://www.iai.it/it/pubblicazioni/spazio-e-difesa-un-legame-crescente-executive-summary; Istituto di Ricerca e Analisi della Difesa/Casd, *"Il carattere strategico dello Spazio"*, 42-45

infrastruttura critica e, in quanto tali, bersagli sensibili delle capacità offensive di altri Paesi.

Il crescente contesto di forte competizione internazionale ha contribuito allo sviluppo di minacce volontarie contro gli assetti spaziali orbitanti e delle *counterspace capabilities*, cioè le attività *denied, degraded and disrupted space operational environment* (D3SOE), che hanno come obiettivo la penetrazione delle c.d. capacità A2/AD (*Anti Access/Area Denial*)[6]. Possono identificarsi differenti tipologie di armi *counterspace,* alcune in grado di alterare temporaneamente la funzionalità dei servizi spaziali, altre in grado di recare danni permanenti ai satelliti in orbita. Tra queste: *Electronic Warfare; Cyber Threat; Directed Energy Weapons (*armi laser, micro-onde ad alta potenza e utilizzo di altre radiofrequenze); *Kinetic Energy Weapons; Space-based Weapons* (armi derivate dall'utilizzo di satelliti per attacchi nello Spazio); *Nuclear Space Weapons.* A quelle elencate si aggiunge la sottovalutata minaccia degli *space debris* (o detriti spaziali), spesso causata dal compimento di una serie di test su missili ASAT per la distruzione di propri satelliti oppure attraverso la collisione di due assetti spaziali, o ancora da parti di vettori di lancio rimasti in orbita[7].

II.   La Strategia Europea e la *Space Diplomacy*

Nell'ultimo decennio il settore spaziale ha ritrovato nuovo e insaziabile vigore, arrivando a distrarre importanti quote di investitori privati fino ad alimentare una sua nuova economia, in cui l'Europa può ergersi con

---

[6] Tutte quelle azioni e attività volte a limitare e prevenire le azioni e i tentativi di penetrazione da parte di forze avversarie verso specifiche aree operative.

[7] A. Marrone, M. Nones, "Spazio e difesa", 5-7

fierezza. In materia di cooperazione per la sicurezza e la difesa è stata promossa a marzo 2023 la prima "Strategia Spaziale dell'UE per la Sicurezza e la Difesa". Sono cinque gli obiettivi della Strategia. Il primo consiste nella comprensione condivisa delle minacce spaziali attraverso un'analisi annuale di minacce e *counterspace capabilities*. Il secondo comprende la resilienza e la protezione di sistemi e servizi spaziali nell'Unione attraverso: una Legge Spaziale europea che possa favorire lo scambio informativo e la cooperazione tra Stati; l'istituzione di un *Information Sharing and Analysis Centre* per arricchire le capacità spaziali dell'industria europea; la riduzione delle dipendenze strategiche per l'approvvigionamento di tecnologie e risorse spaziali; la garanzia all'Unione Europea di un accesso autonomo allo Spazio di lungo termine, concentrandosi sulle necessità di sicurezza e difesa. Il terzo obiettivo prevede una risposta alle minacce spaziali e la proposta di modifica della decisione del Consiglio (PESC) 2021/698[8] per includere, a fianco del programma spaziale dell'Unione, il programma di connettività sicura dell'Unione, assicurando degli strumenti di rapido intervento per la costituzione dell'infrastruttura di risposta alle minacce spaziali. Il quarto capitolo suggerisce di incrementare le capacità spaziali *dual-use* europee per rafforzare l'autonomia strategica dell'Unione e supportarne la sicurezza e la difesa. Il primo passo è verso il sostegno alla componente di sorveglianza e tracciamento con l'istituzione del servizio di *Space Domain Awareness*,

---

[8] The Council of the European Union, *Council Decision (CFSP) 2023/598 of 14 March 2023 amending Decision (CFSP) 2021/698 to include the Union Secure Connectivity Programme* (Brussels: 14 Marzo 2023), https://eur-lex.europa.eu/legal-content/EN/TXT/?uri=CELEX%3A32023D0598

per arrivare intorno al 2035 alla creazione di un servizio di difesa *space-based*. La Commissione, inoltre, annuncia un nuovo servizio governativo di osservazione terrestre come Copernicus[9] e l'obiettivo di raggiungere entro il 2024 un riammodernamento delle capacità amministrative e industriali in tema di sicurezza e difesa, favorendo nuovi partenariati. Infine, come quinto obiettivo, promuovere una collaborazione per i comportamenti responsabili nello Spazio profondo. In primo piano la ridefinizione di norme, regole e principi sul comportamento responsabile, la cooperazione con USA e NATO per una sicurezza dello Spazio e l'apertura di dialoghi con alleati e partner europei in tema di *space security*[10]. Così assume importanza la *Space Diplomacy,* non solo una figura diplomatica preposta alla cura di interessi nazionali relativi lo Spazio in affari di politica estera, ma una vera e propria cultura dello Spazio che nasce dalla consapevolezza della sua portata, in termini di opportunità e criticità. Saranno sempre più necessarie figure professionali in grado di comunicare con la contezza di un settore di cui si è ogni

---

[9] *"Europe's eyes on Earth"*, Copernicus rappresenta la principale infrastruttura europea per l'osservazione della Terra. "Copernicus in Detail". About, Copernicus, Copernicus Europe's eyes on Earth, Accesso 5 Aprile 2024, https://www.copernicus.eu/en/about-copernicus/copernicus-detail

[10] European Commission-High Representative of the Union for Foreign Affairs and Security Policy, *"Joint Communication to the European Parliament and the Council. European Union Space Strategy for Security and Defence"* (Brussels: 10 Marzo 2023), https://eur-lex.europa.eu/legal-content/EN/TXT/?uri=CELEX%3A52023JC0009; Defence Industry and Space, "EU Space Strategy for Security and Defence for a stronger and more resilient European Union", Accesso 5 Aprile 2024, https://defence-industry-space.ec.europa.eu/eu-space-strategy-security-and-defence_en

giorno più dipendenti[11]. Ottimo esempio di *Space Diplomacy* sono gli Accordi Artemis[12], una collaborazione capace di superare le tensioni fra Stati, come nel caso di America e Arabia Saudita, oppure creare competizioni, come con l'alleanza sino-sovietica. Gli Accordi Artemis vanno oltre l'aspetto politico e industriale, ponendosi come l'inaugurazione di un nuovo processo di regolamentazione dello Spazio che, reso sempre più complicato dall'aggressiva concorrenza cinese[13], mira al rispetto collettivo dei principi di condivisione scientifica, trasparenza e responsabilità delle attività spaziali[14].

Il problema giuridico attorno allo Spazio, invece, si origina dal fatto che l'attuale regolamentazione, il *Corpus Juris Spatialis*, ha come principale fonte l'*Outer Space Treaty* (OST), il trattato internazionale del 1967 ratificato da 110 Stati. L'OST disciplina l'esplorazione spaziale, il divieto di occupare o rivendicare risorse e corpi celesti, l'utilizzo pacifico dello Spazio e la responsabilità per danni da attività spaziali[15]. Ma la

---

[11] David A. Epstein, "Though the Space Age is not new, space diplomacy remains an esoteric specialty at State. Here's why it's important to start changing this now", Maggio 2022, https://afsa.org/boosting-space-diplomacy-state

[12] Prevede regole per lo sfruttamento della superficie lunare, la condivisione delle scoperte scientifiche e l'instaurazione di "zone di sicurezza" per garantire aree di lavoro sicure a ogni Paese.

[13] Di cui è esempio una legge americana del 2011 che impedisce alla NASA di collaborare con la Cina a causa del timore che questa possa rubare tecnologia statunitense.

[14] Christian Davenport, "Lunar relations: The U.S., China and a new brand of space race", *The Washington Post*, 14 Gennaio 2023, https://www.washingtonpost.com/technology/2023/01/14/chin a-nasa-moon-space/

[15] Lorenzo Midili, "L'uso militare nel quadro giuridico internazionale per lo spazio cosmico", *Report Difesa,*

situazione spaziale dal 1957 ad oggi è cambiata. Sono stati lanciati oltre 12.000 satelliti, la maggior parte dei quali ancora in funzione, senza considerare la commercializzazione dello Spazio che vede migliaia di satelliti privati messi in orbita a ritmo crescente. Una situazione fatta di lacune nella ratifica degli accordi, generica portata delle Convenzioni, assenza di un sistema sanzionatorio preciso; il tutto accresciuto dal silenzio delle Istituzioni Internazionali che rischia di sfociare in una risposta normativa incontrollata da parte delle Nazioni, a beneficio soltanto di interessi personali[16]. Una situazione caotica che necessita di essere regolamentata, alla luce delle prospettive future e alla base dei rischi di conflittualità, in considerazione delle minacce spaziali, militari e non. Un lavoro di particolare interesse è stato svolto dalla *University of Adelaide, South Australia,* con il *Woomera Manual,* un progetto sull'applicazione allo Spazio del diritto militare e di sicurezza che dovrebbe vedere la sua pubblicazione a maggio 2024[17].

III.   L'Italia fra *Space Economy* e *Space Industry*

Il valore attuale stimato del mercato spaziale si aggira attorno ai 400 miliardi di dollari, mentre le previsioni di

---

Geopolitica & Sicurezza, 9 Settembre 2022, https://www.reportdifesa.it/luso-militare-nel-quadro-giuridico-internazionale-per-lo-spazio-cosmico/

[16] Istituto di Ricerca e Analisi della Difesa/Casd, *"Il carattere strategico dello Spazio"*, 19-22

[17] Il Manuale Woomera auspica di essere una trattazione obiettiva di diritto internazionale esistente (lex data) applicabile alle operazioni spaziali militari, con l'obiettivo secondario di promuovere un fiorente dibattito in materia. "The Woomera Manual", About, The University of Adelaide, Accesso 5 Aprile 2024, https://law.adelaide.edu.au/woomera/about

crescita variano tra il bilione e il trilione di dollari entro il 2040[18]. L'elemento fondante di questa nuova economia consiste nella riduzione di circa quaranta volte dei costi di accesso allo Spazio, destinati ad essere drasticamente abbattuti nel prossimo decennio, anche in considerazione di nuovi carburanti per il lancio: metano e idrogeno[19]. Tuttavia, la vera svolta è data dalla capacità di riutilizzare razzi e veicoli spaziali, settore la cui leadership è in mano all'industria della *SpaceX* di Elon Musk. Si tratta di un mercato florido che nasce dai singoli interessi statali in cui governano le industrie della Difesa e dello Spazio, ma che oggi si fanno moltiplicatori di un'economia mondiale molto più ampia grazie al c.d. "trasferimento di tecnologia", ovvero lo sviluppo di tecnologia spaziale migrata in un campo differente (robotica, intelligenza artificiale, *internet of things*, analisi *big data...*). Il settore spaziale si fa dunque trainante diverse realtà industriali, portando con sé forti ricadute sia nel mercato interno che in quello estero.

Oggi, l'Italia rappresenta un partner fondamentale per l'intera Alleanza Atlantica, posizionandosi al terzo posto in Europa e al sesto nel mondo per investimenti rispetto al PIL[20]. Le sue ottime risorse in termini di capitale umano e know-how, come della robustezza del tessuto industriale, la pongono in risalto sul piano internazionale permettendole di vantare una filiera completa: accesso

---

[18] "Space: Investing in the Final Frontier", Research, Morgan Stanley, 24 Luglio 2020, https://www.morganstanley.com/ideas/investing-in-space
[19] "Spazio, firmati contratti per oltre 285 milioni per nuovi sistemi di trasporto spaziale", Notizie, Ministero delle Imprese e del Made in Italy, 13 Marzo 2023, https://www.mise.gov.it/it/notizie-stampa/spazio-firmati-contratti-per-oltre-285-milioni-per-nuovi-sist3emi-di-trasporto-spaziale
[20] Istituto di Ricerca e Analisi della Difesa/Casd, *Il carattere strategico dello Spazio*, 93

allo spazio, manifattura, servizi ai consumatori, poli universitari e di ricerca. L'Italia ha già dato prova delle sue capacità tecnologiche attraverso diversi contributi a importanti progetti europei, ma molte sono le eccellenze che la caratterizzano sia a livello militare che civile. L'industria spaziale italiana è tra le migliori al mondo e per questo non può prescindersi dal citare Leonardo S.p.A., leader internazionale del settore aerospaziale e della difesa. Altre realtà di grande rilievo sono Avio, per il campo dei lanciatori, Telespazio, per le soluzioni e servizi satellitari, e Sitael, per la realizzazione di satelliti, con specializzazione in piccoli e micro-satelliti[21]. Di grande valore sono anche le piccole e medie imprese italiane che rappresentano il substrato di eccellenze del settore spaziale[22] e dell'espressione del *"made in Italy"* che fanno dell'Italia, ancora una volta, un'eccellenza mondiale che deve però essere controllata, protetta e sfruttata saggiamente con visione strategica per il bene dell'intero Sistema Paese e del progresso internazionale[23]. Pensiero che accoglie di buon occhio le recenti modifiche in materia di esercizio dei poteri speciali da parte del Governo in settori strategici di interesse nazionale. Tuttavia, l'assenza di una normativa comune ostacola il dialogo tra le nazioni che non può ancora per molto poggiare su accordi e convenzioni di altri tempi. Si rende perciò doverosa una programmazione strategica nazionale. Con la legge n.

---

[21] Istituto di Ricerca e Analisi della Difesa/Casd, *"Il carattere strategico dello Spazio"*, 93, 70-75, 94-96

[22] Per citarne alcune: Planetek, ESRI, Quascom e Officina Satellitare sono sicuramente degne di menzione.

[23] *"L'industria italiana dello spazio: ieri, oggi e domani"*, Pubblicazioni, Ministero delle Imprese e del Made in Italy, Accesso 5 Aprile 2024, https://www.mise.gov.it/index.php/it/per-i-media/pubblicazioni/l-industria-italiana-dello-spazio-ieri-oggi-e-domani

7/2018 la *governance* italiana per lo Spazio viene riformata affidando al Presidente del Consiglio dei Ministri l'alta direzione, la responsabilità politica generale e il coordinamento delle politiche di tutti i Ministri interessati ai programmi spaziali. Inoltre, suddetta legge istituisce il "Comitato interministeriale per le politiche relative allo spazio e all'aerospazio" (COMINT), con compiti di indirizzo e coordinamento nazionale in materia. Tra le numerose iniziative del COMINT per la valorizzazione del settore spaziale merita menzione la "Strategia Nazionale di Sicurezza per lo Spazio" del 2019[24]. Questa, si pone lo scopo *"di indirizzare l'accrescimento ed il rafforzamento del comparto spaziale italiano al fine di tutelare la sicurezza nazionale"*, traducibile nel miglioramento della resilienza delle infrastrutture spaziali. Gli *"obiettivi strategici"* del medesimo documento, invece, si allargano alla sicurezza (*safety* e *security*) delle infrastrutture e delle attività spaziali anche attraverso una *governance* internazionale, nello sfruttamento degli assetti spaziali per la tutela della sicurezza nazionale e nella promozione di iniziative private. Un quadro, in cui risulta di fondamentale ausilio l'approccio diplomatico nel favorire la cooperazione internazionale e nel ricercare una regolamentazione condivisa al passo coi tempi[25].

---

[24] Presidenza del Consiglio dei Ministri, *Indirizzi del Governo in materia spaziale e aerospaziale* (Roma: 25 marzo 2019), https://presidenza.governo.it/AmministrazioneTrasparente/Org anizzazione/ArticolazioneUffici/UfficiDirettaPresidente/Uffici Diretta_CONTE/COMINT/DEL_20190325_aerospazio.pdf

[25] Presidenza del Consiglio dei Ministri, *Strategia nazionale di sicurezza per lo spazio* (Roma: 18 luglio 2019), https://presidenza.governo.it/AmministrazioneTrasparente/Org anizzazione/ArticolazioneUffici/UfficiDirettaPresidente/Uffici Diretta_CONTE/COMINT/Strategia_spazio_20190718.pdf

Merita menzione anche il "Documento di Visione Strategica per lo Spazio", redatto dall'ASI per il decennio 2020-2029. Le finalità strategiche illustrate dall'ASI ruotano attorno alle parole: innovare, nel senso di *"sostenere la ricerca e l'innovazione del Paese"* attraverso la coesione sinergica di ricerca e comparto industriale; crescere, nel significato di *"promuovere la crescita economica, lo sviluppo e l'uso di servizi e applicazioni spaziali"*, quindi irrobustire il rapporto pubblico-privato a sostegno; consolidare, nell'accezione di *"rafforzare il ruolo del Paese a livello internazionale"*[26].

IV.   Le prospettive

Lo Spazio rappresenta un dominio oramai divenuto imprescindibile per il sostentamento delle civiltà. È un'ambiente *dual-use* a utilizzo civile e militare, nonostante quest'ultimo stia divenendo sempre più assiduo in considerazione di una sua funzione deterrente, la quale si fa "elemento di saturazione" del dominio stesso nella logica dei modelli teorico-matematici di interrelazione internazionale. Modelli che, tuttavia, si condizionano anche attraverso il mutamento dell'economia mondiale, sempre più stravolta dalle innovazioni tecnologiche e industriali per lo Spazio che appartengono alla c.d. *New Space Economy*. Attraverso lo Spazio l'uomo ha la possibilità di riscrivere le regole del gioco e costruire fondamenta solide per la struttura del nuovo futuro.

L'instabilità delle relazioni internazionali, dovuta alla fragilità della ragione umana, lascia intendere la

---

[26] "Documento di Visione Strategica per lo Spazio (2020-2029)", Agenzia Spaziale Italiana, Accesso 5 Aprile 2024. https://www.asi.it/lagenzia/documenti-istituzionali/

necessità di una prontezza all'azione, auspicabilmente evitabile attraverso la deterrenza. Quest'ultima, però, deve marciare sul concetto di supremazia industriale e resilienza infrastrutturale, mitigando la volontà di una militarizzazione dello Spazio. Attraverso il mantenimento di una supremazia industriale occidentale nel settore si rende possibile l'agevolazione di una resilienza sistemica in previsione di una sempre maggiore riduzione dei costi di accesso allo Spazio e costruzione satellitare. Lo sviluppo tecnologico, infatti, mira alla miniaturizzazione e riutilizzazione degli elementi, traducibile in un aumento numerico degli assetti spaziali e rapidità di sostituzione di intere costellazioni, aspetto capace di vanificare il vantaggio avversario relativo a un attacco nello Spazio. Di contro, una tale soluzione porta con sé il problema del sovraffollamento delle orbite spaziali, già gravate dalla massiccia presenza di detriti, a sua volta fautore di un incremento delle attività di *Situational Awareness*. In merito, occorre riprendere il primo pilastro della Strategia Spaziale Europea che, si ricorda, mira ad una collaborazione degli assetti *intelligence* degli Stati membri in materia di condivisione informativa sulle minacce spaziali. Anche se è convalidata la volontà degli Stati di non condivisione delle capacità di *intelligence*, a favore della difesa di primari interessi nazionali, vale la pena chiedersi se in futuro questa "regola" possa venire meno a favore di una più ampia collaborazione per la difesa e la sicurezza dello Spazio. Per l'Unione Europea in particolare, questa improbabile ipotesi aprirebbe le porte a una prima forma di *intelligence* condivisa e, magari, a una prima agenzia di *intelligence* europea a difesa di interessi comunitari.

Altro elemento di fondamentale importanza e deterrenza è la regolamentazione dello Spazio. Non solo essa abbisogna di una sostanziale svecchiatura, ma necessita altresì di uno studio approfondito attorno lo *Jus ad bellum* e lo *Jus in bellum*, finalizzato ad una prevenzione dell'armamento dello Spazio e della regolamentazione di conflitti spaziali. Ciò non significa legittimare l'uso della forza, ma avanzare una disciplina sanzionatoria a livello internazionale che limiti l'*escalation* di controversie o azioni scatenanti interventi armati. In questo senso, a preoccupare è l'ingresso di nuove potenze sulla scena spaziale, preludio di una "frammentazione dello Spazio" e di una moltiplicazione degli attori capace di sconvolgere l'attuale equilibrio in orbita terrestre. Qui lo Spazio si fa promotore della diplomazia per un'adesione internazionale a obiettivi comuni; realizzazione del pensiero di J. F. Kennedy di una *"cooperazione pacifica"* già auspicata nel 1962.

Con la legge n. 7/2018, l'Italia ha affidando ad un organismo politico la direzione e il coordinamento delle attività nazionali che rimangono, di fatto, esposti a un'alternanza governativa, fonte di una discontinuità strategica fisiologica. Il settore spaziale, però, presuppone la stabilità di una visione strategica nazionale per la creazione di un sistema Paese efficiente, sulle cui basi poggia un solido rapporto pubblico-privato oggi fondamentale. Ed è proprio questo l'ultimo tassello, quello di uno scambio produttivo tra istituzioni e imprese per la creazione di un'infrastruttura spaziale tecnologicamente all'avanguardia che garantisca l'autonomia strategica nazionale, affinché l'Italia possa vantare un ruolo di primo piano sullo scacchiere internazionale e sfruttare la fruibile occasione di riscattarsi a livello europeo in un settore che, ancora una volta, dimostra le eccellenze del nostro Paese.

Bibliografia e sitografia

Agenzia Spaziale Italiana. *Documento di Visione Strategica per lo Spazio (2020-2029)*. Accesso 5 Aprile 2024. https://www.asi.it/lagenzia/documenti-istituzionali/

Copernicus Europe's eyes on Earth. "Copernicus in Detail". About Copernicus. Accesso 5 Aprile 2024. https://www.copernicus.eu/en/about-copernicus/copernicus-detail

Davenport Christian. "Lunar relations: The U.S., China and a new brand of space race". *The Washington Post*. 14 Gennaio 2023.https://www.washingtonpost.com/technology/2023/01/14/china-nasa-moon-space/

Epstein David A. "Though the Space Age is not new, space diplomacy remains an esoteric specialty at State. Here's why it's important to start changing this now". *Maggio 2022* https://afsa.org/boosting-space-diplomacy-state

European Commission-High Representative of the Union for Foreign Affairs and Security Policy. *"Joint Communication to the European Parliament and the Council. European Union Space Strategy for Security and Defence"*. Brussels: 10.3.2023. https://eur-lex.europa.eu/legal-content/EN/TXT/?uri=CELEX%3A52023JC0009

Guida E. *Intelligence. Costante storica, variabile teorica e prospettive post-bipolari*. Milano: Ledizioni, 2016.

Istituto di Ricerca e Analisi della Difesa/Casd. *"Il carattere strategico dello Spazio: implicazioni e possibili sviluppi politici, militari, tecnologici e industriali"*. Roma: maggio 2022 https://www.difesa.it/smd/casd/im/irad/index/34825.html

Marrone A., Nones M. "Spazio e difesa: un legame crescente. Executive summary". *Documenti IAI, 22|02.* Roma: 23 febbraio 2022. https://www.iai.it/it/pubblicazioni/spazio-e-difesa-un-legame-crescente-executive-summary

Midili Lorenzo. "L'uso militare nel quadro giuridico internazionale per lo spazio cosmico". *Report Difesa. Geopolitica & Sicurezza.* 9 Settembre 2022. https://www.reportdifesa.it/luso-militare-nel-quadro-giuridico-internazionale-per-lo-spazio-cosmico/

Ministero delle Imprese e del Made in Italy. "L'industria italiana dello spazio: ieri, oggi e domani". Pubblicazioni. Accesso 5 Aprile 2024. https://www.mise.gov.it/index.php/it/per-i-media/pubblicazioni/l-industria-italiana-dello-spazio-ieri-oggi-e-domani

Ministero delle Imprese e del Made in Italy. "Spazio, firmati contratti per oltre 285 milioni per nuovi sistemi di trasporto spaziale". Notizie. 13 Marzo 2023. https://www.mise.gov.it/it/notizie-stampa/spazio-firmati-contratti-per-oltre-285-milioni-per-nuovi-sist3emi-di-trasporto-spaziale

Presidenza del Consiglio dei Ministri. *Indirizzi del Governo in materia spaziale e aerospaziale.* Roma: 25

marzo
2019.https://presidenza.governo.it/AmministrazioneTras
parente/Organizzazione/ArticolazioneUffici/UfficiDirett
aPresidente/UfficiDiretta_CONTE/COMINT/DEL_2019
0325_aerospazio.pdf

Presidenza del Consiglio dei Ministri. *Strategia nazionale di sicurezza per lo spazio*. Roma: 18 luglio 2019.
https://presidenza.governo.it/AmministrazioneTrasparent
e/Organizzazione/ArticolazioneUffici/UfficiDirettaPresi
dente/UfficiDiretta_CONTE/COMINT/Strategia_spazio
_20190718.pdf

Stato Maggiore Della Difesa. *Approccio della Difesa alle Operazioni Multidominio*. S.l., Edizione 2022.
https://www.difesa.it/smd/staff/sottocapo/ugid/document
i-prodotti/31787.html

The Council of the European Union. *Council Decision (CFSP) 2023/598 of 14 March 2023 amending Decision (CFSP) 2021/698 to include the Union Secure Connectivity Programme*. Brussels: 14 Marzo 2023.
https://eur-lex.europa.eu/legal-
content/EN/TXT/?uri=CELEX%3A32023D0598

The University of Adelaide. "The Woomera Manual". About. Accesso 5 Aprile 2024.
https://law.adelaide.edu.au/woomera/about

Biografia

Gianmarco Bandinelli, classe 1994, nasce a Firenze. Appena diplomato, le forti passioni in ambito accademico lo portano a frequentare nel 2015 un Master in Sicurezza e Intelligence, presso l'Università Internazionale di Scienze Sociali. Nel 2022 consegue la Laurea Magistrale in Giurisprudenza presso l'Università degli Studi di Firenze con una tesi di analisi storico-giuridica sull'evoluzione del concetto di Intelligence e sulla nascita dei servizi segreti in Italia. Nello stesso anno ottiene la qualifica di "Intelligence Analyst – Private Sector" (SSCS level 3), mentre nel 2023 partecipa al Corso di Perfezionamento post-laurea in Intelligence e Sicurezza Nazionale, promosso in collaborazione con il Dipartimento Informazioni per la Sicurezza, istituito presso il Dipartimento di Scienze Politiche e Sociali dell'Università degli Studi di Firenze. Curioso per natura, affine alla storia, riscopre un forte interesse per le relazioni internazionali e lo Spazio.

La politica estera iraniana tra lacerazioni interne e conflitti regionali

Michele Gioculano – Head Researcher, Mondo Internazionale G.E.O. - Politica

Abstract

Pur producendo risultati significativi, nell'ultimo ventennio, la politica estera iraniana ha mostrato le molte contrapposizioni e le fragilità interne al regime. Considerando le contingenze in Medio Oriente e insinuandosi ove possibile, la Repubblica Islamica ha esteso, al massimo delle possibilità, la sua influenza, realizzando l'agognata difesa avanzata ma, in fin dei conti, non riuscendo a scalfire il potere degli Stati Uniti e di Israele. Dinnanzi all'esplodere di nuove crisi nella regione, non essendo pensabile o sostenibile un ulteriore espansione, Teheran deve conseguire un'intesa con alcuni dei suoi concorrenti se desidera consolidare i traguardi raggiunti.

Despite producing significant results, over the last twenty years, Iranian foreign policy has shown the many conflicts and fragilities within the regime. Considering the contingencies in the Middle East and insinuating itself where possible, the Islamic Republic has extended its influence to the maximum possible, achieving the desired advanced defense but, ultimately, failing to undermine the power of the United States and Israel. Faced with the explosion of new crises in the region, as further expansion is not conceivable or sustainable, Tehran must reach an agreement with some of its competitors if it wishes to consolidate the goals achieved.

Parole chiave: Politica Estera, Iran, Medio Oriente

Keywords: Foreign Policy, Iran, Middle East

I.   Introduzione

La recente quanto inaspettata morte del Presidente Ebrahim Raisi, in seguito ad un disastroso incidente aereo, ha acceso, più di quanto già non lo fossero, i riflettori sull'Iran e sul suo futuro nello scacchiere mediorientale e internazionale. Nel corso degli ultimi anni, il Paese è, senz'altro, riuscito ad accrescere il suo peso e la sua influenza sul quadrante mediorientale riuscendo, inequivocabilmente, ad affermarsi come Attore Regionale. Inoltre, sfruttando abilmente gli errori dei suoi avversari e facendo leva sul riaccendersi di vecchie e nuove crisi nell'area, sempre più spesso, Teheran è stata in grado di condizionare la strategia delle Grandi Potenze a livello internazionale. Coerentemente con i propri obiettivi e la propria naturale collocazione, la Repubblica Islamica è riuscita a spezzare l'isolamento in cui si era venuta a trovare, intessendo relazioni, più o meno stabili, con Paesi di prima grandezza, riattivando dialoghi diplomatici, apparentemente, impensabili e ricavando, in un certo senso, una propria sfera d'influenza. Si tratta di un lento percorso, durato circa un ventennio, che ha impegnato tutte le risorse del Paese ma che, spesso, ha scosso le fondamenta stesse del regime, facendo emergere, chiaramente, le sue molte contraddizioni e i suoi limiti intrinseci [1].

L'attuale sistema politico-ideologico che regge le sorti dell'Iran discende dagli eventi seguiti alla Rivoluzione Islamica del 1979, promossa dall'Ayatollah Ruhollah

---

[1] Alessia De Luca. "Iran: il dopo Raisi". ISPI. 20 Maggio 2024.

Khomeini contro il Governo Imperiale. Di fatti, la deposizione dello Shah, Mohammed Reza Pahlavi, monarca assoluto di idee secolari e filo occidentali, portò ad un totale rivolgimento dell'assetto politico e sociale del Paese. In netto dissenso con il "dispotismo illuminato" promosso dallo Shah, artefice di una radicale modernizzazione a scapito della religione e dei valori tradizionali, il clero sciita cavalcò il senso di smarrimento e la frustrazione popolare per le frequenti repressioni, al fine di rovesciare la dinastia e instaurare la, cosiddetta, Repubblica Islamica. Una peculiare forma di Governo che, sin dal suo nome, sottolineò una netta cesura con il passato monarchico e pose l'accento sul carattere religioso del regime, fondato su una precisa ideologia politica, elaborata da Khomeini nel corso degli Anni Settanta. Questa sostiene la necessità di costituire un sistema statuale fondato sulla legge islamica e affidato ai dottori della legge coranica, con l'obiettivo di riunire i musulmani e di proteggerli dalla corruzione proveniente dall'Occidente. Una sintesi, tra ordine spirituale e temporale, che sconvolse la teologia sciita dominante e che raccolse anche elementi tipici del pensiero marxista, come la lotta rivoluzionaria e la giustizia sociale. Di conseguenza, tanto a causa delle complesse dinamiche interne dell'Iran post rivoluzionario quanto dell'impianto teorico khomeinista, il risultato ultimo presentò una natura marcatamente duale. Alla legittimazione religiosa, frutto dell'interpretazione delle sacre scritture da parte del clero, se ne affiancò una popolare, diretta eredità del moderno assetto costituzionale degli Stati e delle molte contaminazioni socialiste [2].

---

[2] Sina Toossi, "Iran's New Wave of Political Conservatives Is Here." Foreign Policy. 7 Marzo 2024.

Al vertice del potere vi è dunque collocata la Guida Suprema, oggi l'Ayatollah Khamenei, religioso di massima esperienza che assume su di sé, oltre al ruolo di capo religioso anche quello di leader politico. Egli possiede poteri di nomina e di indirizzo molto estesi, tanto sul piano ideologico quanto su quello civile e militare, detenendo, sostanzialmente, l'ultima parola sulla maggior parte degli affari del Paese. Seguono poi una serie di organi, monocratici o collegiali, che, in base al loro ruolo, vantano legittimazione religiosa o popolare. Di fatti, se l'impianto costituzionale e giuridico, così come la magistratura e gli apparati di sicurezza risultano intimamente connessi alla dottrina islamica, il potere esecutivo e quello legislativo restano appannaggio di istituti elettivi, dunque connessi ai vari partiti e, spesso, ai molti comitati rivoluzionari e fondazioni che fungono da portatori di interessi nel Paese. Pertanto, l'indirizzo politico è, invariabilmente, frutto di una continua lotta di potere interna tra le varie componenti, istituzionali e non, del complesso apparato statale e della mediazione operata dalla Guida Suprema in ragione di calcoli connessi ai rapporti di forza, alla stabilità interna o alle convenienze del momento [3].

Confrontando la particolare ideologia alla base del sistema iraniano e la sua evoluzione storica, nel corso dei suoi oltre quarant'anni di vita, è possibile identificare quattro principi cardine, ispiratori dell'azione politica. Di questi, due presentano una natura tipicamente rivoluzionaria ed ecumenica, vale a dire l'islam politico e il terzomondismo, e altri due una natura sommamente conservatrice e identitaria, ossia il tradizionalismo sciita

---

[3] Annalisa Perteghella. "L'Iran: assetto istituzionale, quadro politico interno e scelte di politica estera." ISPI. 18 Febbraio 2018.

e il nazionalismo iraniano. La compresenza di caratteri tanto inconciliabili quanto irrinunciabili delinea, chiaramente, la già menzionata dualità del regime. Divisioni intrinseche, in alcun modo paragonabili a quelle di altri Paesi, specie occidentali, i quali tendono a dividersi sulla base di ideologie politiche, contrapponendo, per esempio, idealismo e realismo. In Iran lo scontro non avviene semplicemente nell'agone politico, bensì all'interno di un sistema istituzionale fondato su questo compendio ideologico-religioso. Un'incongruenza di fondo che tratteggia le basi di un Soggetto fondamentalista sciita che promuove l'unità dell'Islam, socialisteggiante e anti imperialista ma, al contempo, xenofobo e profondamente nazionalista. Ne consegue un'azione politica non ispirata da una visione pragmatica, volta a perseguire degli obiettivi strutturali, ma un tentativo di tenere a bada le varie anime del Paese pur di garantire il perpetuarsi della Repubblica Islamica, a scapito di un effettivo progetto di crescita o progresso[4].

II.   I fondamenti della diplomazia e della difesa iraniana

Le divisioni connaturate al sistema politico-ideologico dell'Iran si riflettono, chiaramente, nella conduzione della politica estera, la quale sembra affetta da una cronica schizofrenia. Al carattere religioso, fondamentalista e militante, tipico degli esponenti del clero sciita, si contrappone una discreta dose di pragmatismo laico, proprio dei funzionari pubblici e dei diplomatici. Quest'ultimo è legato al concetto di *maslahat*, ossia di convenienza, riconosciuto come prevalente sui dettami dell'Islam dallo stesso Ayatollah

---

[4] Associate Press. "Iran marks 45th anniversary of Islamic Revolution amid regional tensions." Politico. 11 Febbraio 2024.

Khomeini, il quale, pochi mesi prima dalla sua morte, approvò uno emendamento costituzionale in tal senso. Ciò dimostra che, già allora, la Guida Suprema aveva compreso la necessità di sacrificare parte del rigore fideistico in favore di una maggiore duttilità, indispensabile se si voleva assicurare la sopravvivenza della Repubblica Islamica. L'accettazione della Risoluzione n. 598 del 1988, con la quale le Nazioni Unite chiedevano un immediato cessate il fuoco tra l'Iran e l'Iraq, rappresentò il primo, effettivo, distacco della politica estera iraniana dall'originario impianto interamente religioso. Recenti esempi di pragmatismo possono essere considerati: l'Accordo sul Nucleare sottoscritto con i paesi Occidentali nel 2015, accettato malgrado non prevedesse l'eliminazione di tutte le sanzioni, o il supporto fornito da Teheran all'Armenia cristiana contro l'Azerbaigian musulmano, il quale vede sacrificare la solidarietà sciita in favore del contenimento delle rivendicazioni di Baku. Tuttavia, il ricorso a strategie maggiormente realiste, non ha prodotto una effettiva normalizzazione della politica estera ma, al contrario, ha accentuato la dicotomia tra coerenza dottrinale e razionalità strategica. Un mancato traguardo, frutto, più che della solidità dell'impianto teorico del regime, di una continua contesa per il potere e la supremazia ideologica tra le varie gerarchie del Paese [5].

Sino ad oggi, l'obiettivo dichiarato della diplomazia iraniana è rimasto quello della salvaguardia dell'integrità e della sicurezza della Repubblica Islamica. Il senso di isolamento e di vulnerabilità, pur non essendo totalmente infondato, rappresenta un'eredità dei tempi della

---

[5] Marilisa Lorusso. "L'integrità territoriale dell'Armenia". Osservatorio Balcani e Caucaso. 4 Ottobre 2023.

Rivoluzione oltre che un elemento della dottrina sciita, la quale vedrebbe il Paese accerchiato da infedeli occidentali e loro alleati. Ad ogni modo, le vie scelte per difendere Teheran sono più volte mutate, spaziando dal radicalismo più retrivo ad uno spiccato pragmatismo, causando spesso una vana dispersione di risorse senza produrre alcun risultato effettivo. Inoltre, se le fazioni religiose più conservatrici non hanno mai effettivamente abbandonato il progetto di esportare l'ideologia khomeinista nel resto del mondo musulmano, riunendolo sotto l'egida iraniana, i vertici militari hanno sempre puntato sull'ampliamento della sfera d'influenza e del dispositivo di difesa, mentre gli esponenti politici più moderati hanno guardato con favore alla costruzione di una rete di alleanze stabili. Di conseguenza, l'assenza di una direttrice chiara, il perenne fluire del potere fra le varie istituzioni e la cronica incostanza operativa tendono ad annullare uno dei vantaggi tipici dei sistemi autoritari strutturati, ossia una forte stabilità e continuità, generalmente mirante a realizzare obiettivi di lungo periodo e di ampio respiro. Inoltre, la frammentata faziosità del potere iraniano, ondeggiante tra moderati ed estremisti, ha moltiplicato il livello di incoerenza in base al maggiore o minore accordo tra i tre cardini della diplomazia del Paese: il Primo Ministro, il Ministro degli Esteri e i Pasdaran [6].

Sul piano puramente militare, la dottrina iraniana è, sostanzialmente, fondata sulla deterrenza. Di fatti, il Paese non dispone, al momento, di forze e mezzi in grado di operare a vasto raggio e di contrastare adeguatamente eserciti tradizionali per periodi relativamente lunghi. Anche a causa dell'embargo sulle

---

[6] Luigi Toninelli. "Walking a Tightrope: What Is Iran's Current Strategy?", ISPI. 26 Gennaio 2024.

armi e dell'esaurimento delle scorte, Teheran manca di tecnologie e apparati logistici in grado di competere, in campo aperto, con Potenze del suo stesso calibro ma meglio rifornite e addestrate dall'Occidente. Un esempio ci è fornito dall'elicottero su cui viaggiava il Presidente Raisi, risalente agli Anni Settanta e precipitato, secondo le prime ricostruzioni, per via di un'inadeguata manutenzione, dovuta all'assenza di componentistica. Ad oggi, il sistema di difesa missilistico e il ricorso a droni, motoscafi veloci ed altri mezzi non convenzionali rappresentano la principale cortina difensiva della Repubblica Islamica, affiancata da programmi in fase di sviluppo come quello cibernetico e, probabilmente, quello nucleare. Ciò ha indotto il Paese a sviluppare una strategia difensiva asimmetrica, fondata sul ricorso a singole azioni fulminee e mirate e ad alleanze con attori non statuali, quali partiti politici, gruppi estremistici o terroristici, in grado di operare in altre realtà mediorientali, impegnando risorse avversarie e, di conseguenza, scoraggiano un intervento diretto contro l'Iran. Una linea poco onerosa economicamente e anche politicamente, vista la facilità nel negare responsabilità dirette, ma anche relativamente poco affidabile, in quanto fondata su forze su cui non si esercita un pieno controllo e connesse a logiche ed obiettivi anche molto differenti da quelli di Teheran. Un esempio è dato dall'Operazione "Alluvione Al-Aqsa", condotta, lo scorso 7 ottobre, da Hamas contro lo Stato di Israele. Un'azione azione lampo, difficile da contrastare per unità convenzionali ma comunque estemporanea ed incapace, davanti ad una escalation, di sostenere una reazione. Inoltre, aldilà del naturale supporto di facciata, il coinvolgimento dell'Iran nell'intera vicenda resta assai dubbio, a riprova dell'impossibilità di governare in piene simili organizzazioni. Il tutto resta comunque soggetto all'altalenante detenzione del potere da parte di una o di un'altra fazione, più o meno propensa ad una politica muscolare. In questo senso, il blocco costituito dai Pasdaran rappresenta una delle avanguardie più interventiste mentre gli apparati governativi e una discreta parte dei vertici militari, consapevoli di alcune evidenti debolezze, propendono per un rafforzamento dell'apparato difensivo e per un approccio più cauto [7].

III.   Le relazioni internazionali dell'Iran

A partire dalla Rivoluzione Islamica del 1979, gli Stati Uniti hanno rappresentato il principale avversario dell'Iran. Storicamente, essi simboleggiano la Potenza imperiale per eccellenza, responsabile del colpo di Stato del 1951, organizzato dalla CIA e dall'MI6 contro il Governo di Mossadeq, reo di aver nazionalizzato le risorse petrolifere a scapito degli interessi americani e britannici, oltre che il principale sponsor internazionale dello Shah. La passata ingerenza di Washington negli affari interni di Teheran, la sua connivenza con il precedente regime e gli attuali tentativi volti ad indebolire o rovesciare la Repubblica Islamica sono visti come le prove dell'arroganza occidentale. Comunemente definiti il "grande Satana", gli Stati Uniti incarnano un modello politico, economico e sociale, liberale e secolarizzato, diametralmente opposto a quello proposto dall'Islam tradizionale, dunque antitetico ai precetti del Khomeinismo. Tuttavia, il contrasto tra i due non è solo di natura ideologica ma anche strategica, vista l'influenza esercitata da Washington su tutto il Medio Oriente e la sua capacità militare di insidiare l'esistenza

---

[7] Reuel Marc Gerecht, Ray Takeyh. "Khamenei's Strategy to Dominate the Middle East Will Outlive Him." Foreign Policy. 20 Marzo 2024 e Walter Posch. "Anche l'Iran prova a contenere la guerra.", Limes. 5 Dicembre 2023.

stessa dell'Iran. In tal senso, l'Iraq costituisce il principale terreno di scontro. Infatti, sin dalla destituzione di Hussein, nel 2003, la maggioranza sciita del Paese ha riacquisito forza, consentendo una rapida infiltrazione di Teheran nei gangli del potere locale, supportando partiti politici e gruppi estremisti. Tuttavia, facendo leva sulla frammentazione etnica e l'instabilità, gli Stati Uniti hanno mantenuto una discreta presenza militare, dando vita ad un Iraq politicamente ed economicamente legato alla Repubblica Islamica ma dipendente da Washington per quanto riguarda la sua sicurezza. Una paradossale situazione che, al momento, non sembra essere destinata a risolversi, in quanto nessuna delle due Potenze intende ritirarsi, rinunciando quindi ai suoi interessi, o tantomeno dare corso ad azioni volte a scalzare la parte avversa.

In subordine, vi è lo Stato d'Israele, il "piccolo Satana", anch'esso promotore di una dottrina ritenuta blasfema quale quella ebraica oltre che fautore di una politica imperiale di espansione fondata sulla forza militare. Considerata la longa manus americana nella regione, Tel Aviv rimane l'unico altra Potenza in grado di misurarsi in modo diretto con l'Iran. Un confronto che interessa, principalmente due Stati strettamente legati al regime di Teheran: la Siria e il Libano. Di fatti, la Repubblica Islamica resta la principale alleata del Presidente Bashar al-Assad nel corso della lunga guerra civile che ancora oggi interessa il Paese. Sebbene ormai la quasi totalità del territorio sia tornata sotto il controllo del Governo di Damasco, considerevoli forze iraniane, in larga misura appartenenti ai Pasdaran, continuano a stazionare nel Paese. Inoltre, il confinante Libano ospita le maggiori strutture dell'organizzazione terroristica Hezbollah, vivamente supportata dall'Iran in funzione antisionista.

Uno stato di cose simili, unito all'appoggio fornito da Teheran ad Hamas, delinea un quadro di rapporti, statuali e non, rivolti contro Tel Aviv [8].

Dal canto loro, le Monarchie del Golfo, insieme ad altre importanti Nazioni arabe, come l'Egitto e la Giordania, naturalmente avverse a Teheran, tanto per ragioni storico-culturali quanto per motivi geopolitici, da alcuni anni tendono a muoversi in un'area sempre più grigia. Nessuno di loro ha mai manifestato l'intenzione di allentare gli stretti legami con gli Stati Uniti, importanti partner commerciali e garanti della loro sicurezza tramite accordi difensivi e numerose basi aero-navali. Tuttavia, con intensità differenti, questi Paesi stanno rivedendo le rispettive posizioni nei confronti della Repubblica Islamica, con l'obiettivo di instaurare un dialogo non più procrastinabile. L'Arabia Saudita, gli Emirati Arabi Uniti e il Bahrein restano gli interlocutori più fermi e più fedeli all'alleato d'oltreoceano mentre il Kuwait, l'Oman e, soprattutto, il Qatar, paiono adottare sempre più posture da "battitori liberi". Probabilmente, l'oramai conclamata tendenza di Washington al disimpegno, unita alla propensione ad evitare interventi diretti ed eccessivamente dispendiosi, ha favorito la ricerca di intese con un Iran sempre più influente nella regione. In questo senso, l'appoggio fornito ai ribelli Houthi in Yemen, costituisce per Teheran uno strumento di pressione sull'Arabia Saudita più che un vero obiettivo strategico.

Sul piano globale, l'Iran vanta rapporti particolarmente stretti con la Russia e la Cina, considerate compagne preziose nella creazione di un fronte alternativo,

---

[8] Gabriel Gavin. "Iran's allies are attacking the West. What happens next?" Politico. 29 Gennaio 2024.

antiamericano e antioccidentale. Nel corso dell'ultimo decennio, mentre Mosca ha affiancato Teheran nella Guerra Civile Siriana e nel contrasto al terrorismo islamico, Pechino ha sostenuto il Paese politicamente, all'interno dei consessi internazionali, ed economicamente, cercando di sopperire alle sanzioni occidentali fornendo prodotti finiti e, soprattutto, tecnologia militare. Tuttavia, sarebbe un errore considerare tali partnership come alleanze strutturali, mantenendosi esse su un piano puramente tattico alla luce dei numerosi elementi di divergenza. Infatti, se l'Iran vanta obiettivi essenzialmente regionali, focalizzati sul Medio Oriente, tanto la Russia quanto la Cina si muovono in un'ottica globale, intenzionate più a servirsi della Repubblica Islamica che non a trattarla da interlocutore alla pari. Non va inoltre dimenticato che tutte e tre le Potenze insistono su un quadrante comune, perenne fonte di potenziali contrasti e rivalità.

IV.   Gli ultimi sviluppi della politica estera
       iraniana

Negli ultimi due anni, l'Iran è stato interessato da importanti manifestazioni di protesta e di dissenso interno, ispirate tanto dalle severe restrizioni cui sono sottoposte le donne quanto dalla situazione economica interna e dagli standard di vita sempre più bassi. Di fatti, il sistema Paese risente delle sanzioni internazionali, degli elevati livelli di corruzione e di una cattiva amministrazione e gestione dei fondi pubblici, anch'esse soggette all'assenza di obiettivi chiari e ad una marcata faziosità politico-ideologica. Malgrado le esportazioni petrolifere abbiano visto una crescita significativa nel corso dell'ultimo periodo, la resa effettiva resta ampiamente sottodimensionata. Ciò è dovuto sia agli sconti applicati per rendere il greggio iraniano più appetibile, che ai lunghi e onerosi processi di intermediazione, miranti ad aggirare l'embargo, spesso in favore di raffinerie cinesi indipendenti. Nelle stesse condizioni versa il comparto industriale, in particolare quello bellico, nonostante i recenti accordi con la Russia, sostanzialmente ripiegato sulle forniture interne e impegnato nello sviluppo di tecnologie ancora in divenire. Un quadro che ha favorito un significativo aumento della tensione interna e la conseguente adozione di rigide misure repressive nei confronti di scioperanti e oppositori, sintomi di un irrigidimento del regime ma anche di una minore presa sul Paese [9].

Sin dal suo insediamento nel 2021, l'Amministrazione Raisi ha manifestato chiaramente un cambio di passo rispetto al precedente Governo moderato retto da Hassan Rouhani. In risposta al ritro dall'accordo sul nucleare, al sostegno diplomatico fornito ad Israele con gli Accordi di Abramo e al rinnovato attivismo nel Golfo che hanno caratterizzato la Presidenza Trump, i continui rivolgimenti del potere iraniano hanno premiato i fautori di una condotta politica più assertiva e radicale. Con il passare dei mesi, il percepito accerchiamento statunitense ha favorito il rafforzamento dell'apparato militare e dei Pasdaran a scapito delle fazioni più dialoganti. La rimozione del morigerato Ali Shamkhani dalla direzione del Consiglio Supremo di Sicurezza Nazionale ha, chiaramente, rappresentato il prevalere della linea dura, poco favorevole ad una trattativa con l'Occidente e indisponibile a riaprire una discussione sul nucleare. Di conseguenza, la politica estera di Teheran si è nettamente orientata verso i, cosiddetti, Paesi

---

[9] ISPI Commentary. "Iran: verso nuovi equilibri interni e regionali." ISPI. 11 Luglio 2023.

revisionisti, in primis Cina e Russia, ritenuti più affidabili di Washington, fonti di maggiori vantaggi politici ed economici e, in generale, più in linea con i suoi obiettivi nazionali. Inoltre, nel marzo dello scorso anno, proprio grazie alla mediazione di Pechino, la Repubblica Islamica ha sottoscritto uno storico accordo di de-escalation con l'Arabia Saudita, inaugurando un nuovo filone della politica estera iraniana, volto a ricomporre le fratture con i Paesi arabi. La riapertura della legazione a Ryad unita alla visita del Ministro degli Esteri saudita a Teheran hanno, simbolicamente, sancito una nuova fase delle relazioni bilaterali, fondata su una reciproca non ingerenza negli affari interni, sul rispetto degli interessi dell'altro e sul controllo dei traffici marittimi. Un ritrovato dialogo che, secondo i calcoli di Teheran, potrebbe indurre altri alleati di Washington, come Egitto, Giordania e Bahrein, ad emulare la Monarchia Wahabita, rispondendo all'inaffidabilità e al progressivo disimpegno americano con la negoziazione di accordi autonomi, interni al quadrante mediorientale. Ciò consentirebbe all'Iran di accrescere le pressioni sul Dipartimento di Stato, portando avanti un progetto votato non tanto ad un improbabile ribaltamento degli equilibri della regione ma alla riapertura di un informale canale con Washington per un allentamento del dispositivo sanzionatorio [10].

L'attuale situazione ci restituisce il quadro di una politica estera condizionata da fattori interni al regime degli Ayatollah, fortemente penalizzato dal punto di vista economico e scosso da sommovimenti interni senza precedenti. Un precario equilibrio che ha costretto Teheran ad interrogarsi sugli effettivi risultati di una

---

[10] Jon Alterman. "A Détente Option for Iran." Foreign Affairs. 3 Aprile 2024.

politica estera incerta e discontinua, che ha certamente prodotto l'agognata "difesa avanzata" in Iraq e Siria ma che non ha risolto le molte tensioni e le contraddizioni interne. Fondata su un'ideologia dicotomica e mancando di un controllo del tutto pervasivo, la Repubblica Islamica tenta di perpetuare se stessa facendo leva su una politica estera che proietti un immagine grandiosa ma, in fin dei conti, priva di profondità. Benché abbia molto esteso la sua sfera d'influenza, è improbabile che l'Iran possa, in breve tempo, generare interdipendenze tanto solide e stabili da "esportare la rivoluzione" in altri Paesi della regione, ancora turbolenti e difficili da controllare. L'improvvisa morte del Presidente Raisi e le prossime elezioni non sembrano prefigurare un notevole cambio di scenario. Infatti, è assai probabile che le fazioni più conservatrici e radicali vengano riconfermate e che i moderati continuino a restare ai margini dell'arena politica. L'egida regionale costruita dall'Iran, seppur apparentemente forte, affonda in un terreno incerto, il quale richiederebbe un importante dispendio di risorse perché possa dare frutti effettivamente rilevanti. Al momento, essa non ha contribuito a risollevare la precaria situazione economica del Paese bensì ha distratto fondi in favore di Soggetti non pienamente controllabili, che hanno prodotto una radicalizzazione del confronto con Stati Uniti ed Israele. Per questo motivo, Teheran intende chiudere il fronte con gli altri Stati arabi: per raffreddare ulteriori focolai e, al tempo stesso, per avere strumenti di pressione nei confronti di Washington e Tel Aviv [11].

---

[11] Alissa Rubin. "What Iran Really Wants." The New York Times. 30 Gennaio 2024.

Bibliografia

Jon Alterman. "A Détente Option for Iran." Foreign Affairs. 3 Aprile 2024. https://www.foreignaffairs.com/iran/detente-option-iran

Associate Press. "Iran marks 45th anniversary of Islamic Revolution amid regional tensions." Politico. 11 Febbraio 2024. https://www.politico.com/news/2024/02/11/iran-marks-45th-anniversary-of-islamic-revolution-amid-regional-tensions-00140839

Alessia De Luca. "Iran: il dopo Raisi". ISPI. 20 Maggio 2024. https://www.ispionline.it/it/pubblicazione/iran-il-dopo-raisi-174420

Gabriel Gavin. "Iran's allies are attacking the West. What happens next?" Politico. 29 Gennaio 2024. https://www.politico.eu/article/irans-allies-are-attacking-the-west-what-happens-next/

Reuel Marc Gerecht, Ray Takeyh. "Khamenei's Strategy to Dominate the Middle East Will Outlive Him." Foreign Policy. 20 Marzo 2024. https://foreignpolicy.com/2024/03/20/iran-khamenei-supreme-leader-strategy-middle-east/

ISPI Commentary. "Iran: verso nuovi equilibri interni e regionali." ISPI. 11 Luglio 2023. https://www.ispionline.it/it/pubblicazione/iran-verso-nuovi-equilibri-interni-e-regionali-135082

Marilisa Lorusso. "L'integrità territoriale dell'Armenia". Osservatorio Balcani e Caucaso. 4 Ottobre 2023. https://www.balcanicaucaso.org/aree/Armenia/L-integrita-territoriale-dell-Armenia-227443

Annalisa Perteghella. "L'Iran: assetto istituzionale, quadro politico interno e scelte di politica estera." ISPI.

18 Febbraio 2018. https://www.ispionline.it/it/pubblicazione/liran-assetto-istituzionale-quadro-politico-interno-e-scelte-di-politica-estera-29344

Walter Posch. "Anche l'Iran prova a contenere la guerra.", Limes. 5 Dicembre 2023. https://www.limesonline.com/rivista/anche-l-iran-prova-a-contenere-la-guerra-14647844/

Alissa Rubin. "What Iran Really Wants." The New York Times. 30 Gennaio 2024. https://www.nytimes.com/2024/01/30/briefing/iran-proxies-israel-gaza-red-sea.html

Luigi Toninelli. "Walking a Tightrope: What Is Iran's Current Strategy?", ISPI. 26 Gennaio 2024. https://www.ispionline.it/en/publication/walking-a-tightrope-what-is-irans-current-strategy-161592

Sina Toossi, "Iran's New Wave of Political Conservatives Is Here." Foreign Policy. 7 Marzo 2024. https://foreignpolicy.com/2024/03/07/iran-election-parliament-assembly-experts-conservatives-hardliners/.

Biografia

Michele Gioculano nasce, ad Ancona, nel 1996. Dopo la maturità scientifica, si iscrive presso l'Università degli Studi di Milano dove, nel 2018, consegue la laurea triennale in Scienze Internazionali e Istituzioni Europee. Prosegue il suo percorso di studi presso lo stesso ateneo, ottenendo, nel 2020, la laurea magistrale in Relazioni Internazionali. Pur avendo una formazione focalizzata sul contesto occidentale, i suoi interessi spaziano dal Medio all'Estremo Oriente. Nel maggio 2021 entra a far parte di Mondo Internazionale come Junior Researcher nell'Area Politica della Divisione G.E.O., un anno più tardi ottiene la promozione a Senior Researcher e, nel novembre 2023 è nominato Head Researcher.

The Dragon and the Teardrop: A Cautionary Tale on China's "Debt Trap" Diplomacy?

Matteo Gabutti – Autore per l'Area Tematica "Società" presso *Mondo Internazionale Post*

Abstract

After defaulting on its foreign debt obligations in April 2022, Sri Lanka has become the poster child for the narrative on China's "debt trap" diplomacy. The present article tests this account against the background of both the relationship between Beijing and Colombo as well as Sri Lanka's politico-economic history. I argue that the immediate cause for the island's economic debacle coincides with the very structure of its debt and above all with the country's exposure to International Sovereign Bonds (ISBs). More broadly, the default resulted from the fatal combination of exogenous factors with long-standing political and economic dynamics. Therefore, although it was Sri Lanka's largest bilateral creditor, China played a non-decisive role in the default, debunking the "debt trap" diplomacy explanation.

Dopo aver annunciato il default sul proprio debito estero nell'aprile 2022, lo Sri Lanka è diventato il simbolo della narrativa sulla diplomazia cinese della "trappola del debito". Il presente articolo verifica questo resoconto sullo sfondo sia delle relazioni tra Colombo e Pechino sia della storia politico-economica dello Sri Lanka. Riteniamo che la causa immediata della debacle economica dell'isola coincida con la struttura stessa del suo debito e, soprattutto, con l'esposizione del Paese ai titoli di Stato internazionali. Più in generale, il default risulta dalla combinazione fatale di fattori esogeni con dinamiche politico-economiche di lunga durata. Perciò, pur essendo il maggiore creditore bilaterale dello Sri Lanka, la Cina non ha svolto un ruolo decisivo nel default, sfatando la spiegazione della "trappola del debito".

Keywords: Sri Lanka; China; default; debt trap; economic crisis.
Parole chiave: Sri Lanka; Cina; default; trappola del debito; crisi economica

2022 saw the zenith of Sri Lanka's worst economic crisis in decades, making Colombo the first Asian capital to default on its foreign debt obligations in fifty years and ousting President Gotabaya Rajapaksa after months of popular unrest. As the turmoil made front pages worldwide, Sri Lanka has become the poster child for the narrative on China's "debt trap" diplomacy, and a victim of the geopolitical schemes embedded in Xi Jinping's Belt and Road Initiative.[1]
This article aims to investigate the validity of this account concerning Beijing's role in leading to Colombo's sovereign debt crisis and economic debacle. More specifically, I begin our inquiry by outlining the island's geo-historical context. Then, I focus on Sri Lanka's relationship with the People's Republic of China (PRC). Finally, I conclude by considering Colombo's crisis from a broader perspective, looking at both immediate and historically rooted causal factors.

---

[1] CNA Correspondent, "China's Belt and Road: A Debt Trap for Sri Lanka?," YouTube (CNA Insider, September 14, 2023), https://www.youtube.com/watch?v=Kx9rChH-MmA.

I.	The Teardrop of India

Sri Lanka's shape and location off the south-eastern coast of the Indian peninsula has earned it the name of "Teardrop of India." The island's closeness to strategic sea communication lines enhances its geopolitical significance as a facility and service hub for the three major Indo-Pacific powers: India, China, and the US. Through a hedging foreign policy, Colombo may thus act as a balancer to secure assistance from all players, albeit at the risk of jeopardizing its sovereignty as a "litmus test for the competing powers."[2]

Over four centuries under Portuguese, Dutch, and British rule bequeathed Sri Lanka an export economy centered around tea, rubber, and coconut, whose importance soon began to wane after the 1948 independence.[3] Faced with depleting foreign reserves and a population boom pressuring a wide extensive welfare system, in the late 1950s Colombo embraced import substitution in both agriculture and manufacturing. Then, in 1977 the island initiated an extensive liberalization process, albeit hobbled by lacking reforms, a massive public-sector investment program, and the outbreak of an ethno-religious civil war in 1983 which lasted until 2009,[4]

---

[2] Hasith Kandaudahewa, "Sri Lanka's Strategic Dilemma: Navigating Great-Power Rivalry in the Indo-Pacific," Journal of Indo-Pacific Affairs (Air University, September 21, 2023), https://www.airuniversity.af.edu/JIPA/Display/Article/353362 2/sri-lankas-strategic-dilemma-navigating-great-power-rivalry-in-the-indo-pacific/.

[3] Gerald Hubert Peiris and Sinnappah Arasaratnam, "Sri Lanka," in *Encyclopædia Britannica*, October 29, 2023, https://www.britannica.com/place/Sri-Lanka.

[4] Prema-Chandra Athukorala and Swarnim Wagle, "The Sovereign Debt Crisis in Sri Lanka. Causes, Policy Response and Prospects," *UNDP* (New York: UNDP Regional Bureau

claiming some 80,000-100,000 lives according to UN estimates.[5]

The end of the conflict inaugurated rapid growth riding on massive infrastructure investments, with Beijing turning into a large-scale commercial lender and welcoming Colombo to the Belt and Road Initiative.[6] At the same time, the island witnessed a sharp increase in the relative importance of non-tradable production in GDP composition and a dramatic upsurge in external debt accumulation in the decade before COVID-19.

Then, the virus compounded Sri Lanka's debt distress by eroding tourism inflows. Indeed, the number of tourists in 2019 plummeted by nearly 75% in one sole year, further declining by some 60% in 2021,[7] with earnings collapsing from US$4 billion to US$500 million.[8] Moreover, in 2020 the IMF terminated the 2016 Extended Fund Facility (EFF) program and denied Colombo the withdrawal of the final US$ 155 million

---

for Asia and the Pacific, August 2022), https://www.undp.org/publications/sovereign-debt-crisis-sri-lanka-causes-policy-response-and-prospects.

[5] Stephanie Nebehay and Alasdair Pal, "Sri Lanka Faces U.N. Scrutiny over Civil War Crimes," *Reuters*, March 23, 2021, sec. India, https://www.reuters.com/article/sri-lanka-rights-un-idUSKBN2BF1DF.

[6] Chulanee Attanayake, "Sri Lanka's Economic Crisis: Lessons for Those in China's Debt," *Raisina Files 2023*, March 2, 2023, https://www.orfonline.org/expert-speak/sri-lankas-economic-crisis/.

[7] Central Bank of Sri Lanka, "Monthly Bulletin | 2023 January-April," *CBSL* (Colombo: Central Bank of Sri Lanka, April 2023), https://www.cbsl.gov.lk/sites/default/files/cbslweb_documents/statistics/mbt/monthly_bulletin_january_april_2023.pdf.

[8] Prema-Chandra Athukorala and Swarnim Wagle, "The Sovereign Debt Crisis in Sri Lanka."

installment due to massive tax cuts clashing with the Fund's directives. Finally, the government targeted the crisis' immediate symptoms through a "home-grown" response, with underwhelming if not iatrogenic outcomes for the country's economic endurance.

In March 2022, the IMF Staff report for the 2021 Article IV consultation declared Sri Lanka's public debt as "unsustainable."[9] Exasperated by extended electricity cuts, shortages of fuel, pharmaceuticals, and food, and soaring living costs, spontaneous grassroots protests clamored for the government's resignation.[10] On April 12, the economic crisis culminated with a default, as Colombo unilaterally suspended all external debt repayments asking for comprehensive restructuring. Soon the economic meltdown spilled over into the political realm, as Prime Minister Mahinda Rajapaksa resigned in May amid violent protests,[11] and President Gotabaya Rajapaksa was replaced by Ranil Wickremesinghe in July.[12]

---

[9] International Monetary Fund, "Sri Lanka: Staff Report for the 2021 Article IV Consultation," *IMF* (Washington D.C.: IMF, February 10, 2022), https://www.imf.org/en/Publications/CR/Issues/2022/03/25/Sri-Lanka-2021-Article-IV-Consultation-Press-Release-Staff-Report-and-Statement-by-the-515737.

[10] Rathindra Kuruwita, "Sri Lanka's Leaderless Protests," The Diplomat (Diplomat Media Inc., April 12, 2022), https://thediplomat.com/2022/04/sri-lankas-leaderless-protests/.

[11] The Indian Express, "Mahinda Rajapaksa Steps down as Sri Lankan Prime Minister amid Economic Crisis," The Indian Express, May 9, 2022, https://indianexpress.com/article/world/sri-lankan-prime-minister-mahinda-rajapaksa-resigns-7908244/.

[12] BBC News, "Sri Lanka: Ranil Wickremesinghe Elected President by MPs," BBC News, July 20, 2022, https://www.bbc.com/news/world-asia-62202901.

II.	In the Dragon's Coils

After Colombo's default, its role as Sri Lanka's largest bilateral creditor and its decade-long infrastructure investments on the island placed China under the international spotlight.[13] The Teardrop's economic crisis gave new momentum to earlier discourses portraying Sri Lanka as the example *par excellence* of Beijing's "debt-trap" diplomacy.[14] Accordingly, Xi Jinping's BRI would be part of a Chinese grand scheme to bend small and vulnerable countries' sovereignty and seize their strategic assets by saddling them with debt.[15] This narrative, however, requires a closer examination of the Sino-Sri Lankan relationship, which we may split into four phases, following Sri Lankan economists Umesh Moramudali and Thilina Panduwawala.[16]

*a.	Once upon a Time*

The first phase (2000-2005) witnessed the introduction of the Export-Import Bank of China (ChEXIM) lending

---

[13] Ananth Krishnan, "'Entrapment' or 'Ineptitude'? Sri Lanka Debt Crisis Reignites Debate on Chinese Lending," The Hindu, May 7, 2022, sec. World, https://www.thehindu.com/news/international/entrapment-or-ineptitude-sri-lanka-debt-crisis-reignites-debate-on-chinese-lending/article65391386.ece.

[14] Chulanee Attanayake, "Sri Lanka's Economic Crisis: Lessons for Those in China's Debt."

[15] Brahma Chellaney, "China's Debt-Trap Diplomacy," Project Syndicate, January 23, 2017, https://www.project-syndicate.org/commentary/china-one-belt-one-road-loans-debt-by-brahma-chellaney-2017-01.

[16] Umesh Moramudali and Thilina Panduwawala, "Evolution of Chinese Lending to Sri Lanka since the Mid-2000s - Separating Myth from Reality," *SAIS China-Africa Research Initiative*, vol. 8 (Washington D.C.: Johns Hopkins University, November 28, 2022), https://ssrn.com/abstract=4305736.

alongside Beijing's official aid loans and grants, and the intervention of Chinese State-owned enterprises (SOEs) in infrastructure development after the 2004 Indian Ocean tsunami. In the second phase (2007-10), the Dragon turned into a large-scale commercial lender. ChEXIM conceded conspicuous loans to support a series of high-profile infrastructure projects – e.g., Phase I-II of the Norochcholai Puttalam Coal Power Plant (US$1.35bn), Hambantota Port (US$372mn), and Mattala International Airport (US$191mn)[17] –, mostly financed through export or buyers' credit for infrastructure, rather than with the resource-backed lending model. Nevertheless, from 2006 to 2010 the average effective public debt interest rate was only 3.1% thanks to the predominant role of concessional borrowings.[18]

The third phase (2011-14) coincided with a swift increase in ChEXIM disbursements for both old and new projects in the transport sector, some of which were under the umbrella of the newly inaugurated BRI. Furthermore, these years marked the end of the grace periods on principal repayments of some previous loans, with principal payments rising consistently from 2013. Finally, the fourth phase began in 2017, when China

---

[17] Ministry of Finance and Planning, "2010 Annual Report," *Ministry of Finance, Economic Stabilization & National Policies* (Colombo: Government of Sri Lanka, March 2011), https://www.treasury.gov.lk/api/file/2a7fd7a7-2ce2-4b4a-afc3-6e61ff0c993c, pp. 243-87.
[18] Umesh Moramudali and Thilina Panduwawala, "From Project Financing to Debt Restructuring: China's Role in Sri Lanka's Debt Situation," Panda Paw Dragon Claw (WordPress, June 13, 2022), https://pandapawdragonclaw.blog/2022/06/13/from-project-financing-to-debt-restructuring-chinas-role-in-sri-lankas-debt-situation/.

emerged as a lender of both project and budgetary financing, while Sri Lanka was already showing unequivocal signs of debt distress.[19] More specifically, a US$1-billion Foreign Currency Term Financing Facility (FCTFF) provided by China Development Bank (CDB) in 2018 as direct budgetary financing inaugurated a series of Chinese FCTFFs to support Colombo's balance of payment, which proved providential to tide over external financing during the pandemic.[20] Moreover, 2017 was also the year when Colombo, faced with a growing external debt servicing ratio and a widening foreign-currency deficit, signed the infamous Hambantota Port lease to Beijing.

b. *In a Port Far Far Away*

The lease came within a concessional Agreement that established two joint-venture companies enjoying the "exclusive right to develop, operate and manage the Hambantota Port" between the Sri Lanka Ports Authority (SLPA) and China Merchants Port Company (CM Port): The latter, as the *de facto* majority shareholder, invested up to US$1.12 billion in the Port, leasing it for 99 years.[21] The lease turned into the quintessential example of the debt-trap narrative depicting the Port as a white elephant, namely an expensive burden that not only failed to meet

---

[19] Prema-Chandra Athukorala and Swarnim Wagle, "The Sovereign Debt Crisis in Sri Lanka," p. 10.
[20] Umesh Moramudali and Thilina Panduwawala, "Evolution of Chinese Lending to Sri Lanka since the Mid-2000s."
[21] China Merchants Port Holdings Company Limited, "Potential Discloseable Transaction Concession Agreement in Relation to Hambantota Port," July 25, 2017, https://www.cmport.com.hk/UpFiles/bpic/2017-07/20170725061311456.pdf.

expectations, but also brought an indebted Sri Lanka under the thumb of the Chinese creditor.[22] Under this light, New Delhi feared the potential military use of Hambantota as part of a network of maritime bases in the Indian Ocean developed and controlled by Beijing to encircle India, according to the so-called "string of pearls" geopolitical strategy.[23] Yet, there are three main arguments debunking this narrative:[24]

First, the concessional Agreement was not a debt/equity arrangement as it did not cancel Sri Lanka's debt to China for the Port through a century-long lease of the territory, which thus remains under the sovereignty of the coastal State per customary international law.[25] Instead, the debt was simply transferred out of the SLPA books to the Treasury.[26] Therefore, there was neither formal ownership shifting nor debt forgoing, but rather a restructuring of the debt-repayment mechanism allowing

---

[22] Maria Abi-Habib, "How China Got Sri Lanka to Cough up a Port," *The New York Times*, June 25, 2018, https://www.nytimes.com/2018/06/25/world/asia/china-sri-lanka-port.html.
[23] Natalie Klein, "A String of Fake Pearls? The Question of Chinese Port Access in the Indian Ocean," The Diplomat (Diplomat Media Inc., October 25, 2018), https://thediplomat.com/2018/10/a-string-of-fake-pearls-the-question-of-chinese-port-access-in-the-indian-ocean/.
[24] Maria Adele Carrai, "Questioning the Debt-Trap Diplomacy Rhetoric Surrounding Hambantota Port," Georgetown Journal of International Affairs (Walsh School of Foreign Service, June 5, 2021), https://gjia.georgetown.edu/2021/06/05/questioning-the-debt-trap-diplomacy-rhetoric-surrounding-hambantota-port/.
[25] Natalie Klein, "A String of Fake Pearls?"
[26] Sunil Handunneththi, "Third Report of the Committee on Public Enterprises," *Parliament of Sri Lanka*, October 23, 2019, https://parliament.lk/uploads/comreports/1573718485042687.pdf#page=1, pp. 168-69.

the SLPA to report higher profits as required by the 2016 IMF US$1.5-billion Extended Arrangement under EFF – conditioned on far-reaching reforms to address loss-making SOEs.[27]

Second, rather than Beijing, it was Colombo to actively solicit the project, and particularly the Rajapaksa family that had dominated the Sri Lankan political landscape for the past two decades.[28] Firstly conceived in the 1970s by local parliamentarian D. A. Rajapaksa, the Hambantota Port project took form when his son, Mahinda, became President in 2004. The product of political motives rather than rational development planning, the project thus "reflected both need and greed," but it did not come as a PRC's proposal.[29]

Third, what Colombo owes Beijing for the Port constitutes a risible fraction of its overall sovereign debt. More in detail, one year before the Agreement, the Hambantota Port loans accounted for a mere 3.2% of total foreign debt repayments, although they heavily

---

[27] International Monetary Fund, "Sri Lanka: Staff Report for the 2016 Article IV Consultation and Request for a Three-Year Extended Arrangement under the Extended Fund Facility," IMF (Washington D.C.: IMF, June 14, 2016), https://www.imf.org/en/Publications/CR/Issues/2016/12/31/Sr i-Lanka-Staff-Report-for-the-2016-Article-IV-Consultation-and-Request-for-a-Three-Year-43960, p. 28.
[28] Mujib Mashal, "The Rajapaksa Family Has Dominated Sri Lankan Politics," *The New York Times*, July 9, 2022, sec. World, https://www.nytimes.com/2022/07/09/world/asia/rajapaksa-family-sri-lanka-president.html.
[29] Lee Jones and Shahar Hameiri, "Sri Lanka and the BRI," in Debunking the Myth of "Debt-Trap Diplomacy" (London: The Royal Institute of International Affairs, 2020), https://www.chathamhouse.org/sites/default/files/2020-08-25-debunking-myth-debt-trap-diplomacy-jones-hameiri.pdf.

burdened the SLPA's profitability and hindered its investment capacity, thus making the arrangement with CM Port desirable if not necessary.[30] In this sense, conclude Sri Lankan economists Umesh Moramudali and Thilina Panduwawala, "it is clearly absurd to claim that Hambantota Port [...] caused Sri Lanka's debt crisis."[31]

That said, there remain concerns about the Port's potential "dual use" and the influence exercised by Chinese investment projects over Sri Lanka. Nevertheless, there are three reasons to scale down such concerns.[32] First, *de jure*, the lease agreement explicitly forbids military activities to all port operating companies, confirming them as the Sri Lankan government's exclusive prerogatives. Second, *de facto*, there is a considerable deployment of forces at the Sri Lankan Navy base in Hambantota to patrol the Port premises. Moreover, since 2016, no Chinese naval ship has been authorized to dock at the Port, whereas both Japanese and American vessels visited Hambantota in 2019. Third, there is external recognition of Sri Lanka's authority over its ports, and the US Coastguard monitors Hambantota under the International Port Security to verify the island's fulfillment of the International Ship and Port Facility Security Code.

Finally, the uproar around the Port as an example of Beijing's debt-trap diplomacy reflects a widespread BRI

---

[30] Umesh Moramudali and Thilina Panduwawala, "Evolution of Chinese Lending to Sri Lanka since the Mid-2000s."
[31] Ibid., p. 17.
[32] Ganeshan Wignaraja et al., "Chinese Investment and the BRI in Sri Lanka" (London: Chatham House, March 2020), https://www.chathamhouse.org/sites/default/files/CHHJ8010-Sri-Lanka-RP-WEB-200324.pdf.

misconception disproven in a 2020 article on the *Journal of Transport Geography*, namely that the New Silk Road would represent a "monolithic strategy aimed at world domination." In fact, while Chinese Central Government SOEs – placed under the direct administration of the State-owned Assets Supervision and Administration Commission (SASAC) – tend to prioritize geopolitical objectives, profit-maximization is usually the primary concern for SOEs operating at sub-national levels.[33]

c. The Real Situation

In the wake of default, the government's total outstanding foreign debt bordered on US$35 billion. Beijing – i.e., China Development Bank (CDB), ChEXIM, and the Chinese government – stood out as Colombo's largest bilateral creditor, with a debt stock of nearly US$ 4.8 billion – i.e., 45% of all bilateral creditors – looking down at Japan's US$2.7 billion (25%) and India's US$1 billion (10%).[34] Based on Moramudali and Panduwawala's calculations, between 2000 and May 2022, China passed from accounting for barely 0.4% of government external debt to 19%.[35] According to the IMF, in 2020 the Dragon held more

---

[33] Zhigao Liu, Seth Schindler, and Weidong Liu, "Demystifying Chinese Overseas Investment in Infrastructure: Port Development, the Belt and Road Initiative and Regional Development," *Journal of Transport Geography* 87, no. 102812 (July 2020), https://doi.org/10.1016/j.jtrangeo.2020.102812.

[34] Department of External Resources, "Foreign Debt Summary," Department of External Resources (Government of Sri Lanka, 2023), https://www.erd.gov.lk/index.php?option=com_content&view=article&id=102&Itemid=308&lang=en.

[35] Umesh Moramudali and Thilina Panduwawala, "Evolution of Chinese Lending to Sri Lanka since the Mid-2000s," p. 21.

than US\$5 billion of government external debt, whereas the entire Paris Club – an informal group of major creditors whose 22 permanent members are Western countries with the sole exceptions of Brazil and Russia[36] – fell short of US\$4.49 billion, that is 6.2% and 5.6% of the Teardrop's GDP, respectively.[37] A *Chatham House* research paper estimated cumulative Chinese infrastructure investment on the island at US\$12.1 billion between 2006 and July 2019 – i.e., 14% of Sri Lanka's 2018 GDP.[38]

Nonetheless, the *Chatham House* paper also highlights how the BRI period (2013-19) witnessed only a modest rise in investments in comparison to the preceding half-a-dozen years (2006-12), passing from US\$5.4 billion for roughly 15 projects to US\$6.8 billion with 13 projects. Furthermore, Colombo's economic reliance on Beijing's infrastructure investment in 2018 is less pronounced than that of other developing countries in South Asia, such as the Maldives – where such investments accounted for 15% of the archipelago's 2018 GDP – and Pakistan (16%), and especially in Southeast Asia, including Cambodia (40%) and Laos (117%).

Even more importantly, the rise in Chinese lending did not occur in isolation, but rather alongside other changes

---

[36] Paris Club, "Permanent Members," Club de Paris, accessed June 3, 2024, https://clubdeparis.org/en/communications/page/permanent-members.

[37] International Monetary Fund, "Sri Lanka: Staff Report for the 2021 Article IV Consultation." p. 51.

[38] Ganeshan Wignaraja et al., "Chinese Investment and the BRI in Sri Lanka" (London: Chatham House, March 2020), https://www.chathamhouse.org/sites/default/files/CHHJ8010-Sri-Lanka-RP-WEB-200324.pdf.

in the composition of Sri Lanka's external debt. More specifically, in the last two decades, the country shifted from multilateral and bilateral loans to relatively more costly private market debt. In fact, the share of multilateral and bilateral loans respectively plummeted from 43.2% and 42.8% of total government external debt during 2005-09 to 23.7% and 24.6% in 2019, whereas commercial loans skyrocketed from 13.3% to 50.3%.[39]

Furthermore, economists Moramudali and Panduwawala underscore how Sri Lanka came to increasingly rely on export credit for specific infrastructure projects and borrow steadily more from international capital markets through the issuance of dollar-denominated International Sovereign Bonds (ISBs). According to their calculations, ISBs' share of outstanding government external debt skyrocketed from practically zero in 2000 to 28% in one single decade, and then up to 36% in May 2022. Furthermore, in recent years, their repayments held a larger share of government external debt servicing than the one of Chinese debt, with ISBs accounting for some 47% against the PRC's 20%.[40]

In this context, the increase in Chinese lending would be part of Sri Lanka's transition towards commercial debt and growing borrowings from international capital markets at high interest rates. Accordingly, considering Beijing as the main suspect for Colombo's debt distress turns out to be oversimplifying if not all-out misleading. Conversely, Sri Lanka's road to default appears to be paved with shortsighted policies and ISBs.

---

[39] Prema-Chandra Athukorala and Swarnim Wagle, "The Sovereign Debt Crisis in Sri Lanka," p. 11.

[40] Umesh Moramudali and Thilina Panduwawala, "Evolution of Chinese Lending to Sri Lanka since the Mid-2000s," p. 19.

III.   Alethestate Prophasis?

Sri Lanka's development path since 1948 has led the country to a "twin deficit economy," showing persistent budget and current account deficits.[41] The IMF Staff report for the 2021 Article IV consultation described the situation as a "combined balance of payments and sovereign debt crisis," aggravated by a vertiginous fall in foreign exchange reserves.[42]

More in detail, according to a 2022 UNDP Policy Paper, Colombo's current account has constantly been in deficit since 1960 – with only two exceptional surpluses: one in 1965 and one in 1977.[43] As for central government debt, rising exponentially from nearly US$71.7 billion to US$81.3 billion between 2019 and 2020 – i.e., from 86.8% to 101.2% of Sri Lanka's GDP –, its lion's share at the end of 2020 was owed to domestic creditors (60%).[44] The same period witnessed a decline of external debt in nominal terms, with foreign investors leaving the domestic securities market and selling ISB holdings to residents, while its US$1.9-billion drop between late 2019 and September 2021 was achieved by draining reserves – which fell by US$4.9 billion.[45] Nonetheless, over the long term, external debt has mirrored total debt, gaining momentum especially with the 1970s

---

[41] Prema-Chandra Athukorala and Swarnim Wagle, "The Sovereign Debt Crisis in Sri Lanka," p. 8.
[42] International Monetary Fund, "Sri Lanka: Staff Report for the 2021 Article IV Consultation," p. 1.
[43] Prema-Chandra Athukorala and Swarnim Wagle, "The Sovereign Debt Crisis in Sri Lanka."
[44] International Monetary Fund, "Sri Lanka: Staff Report for the 2021 Article IV Consultation," p. 51.
[45] Ibid., p. 48.

liberalization reforms and the post-civil-war infrastructure investments, and stabilizing around 60% of GDP before COVID-19.[46]

Yet, the debt-to-GDP ratio risks underestimating the country's effective external debt burden because it fails to consider the denominator's composition. In fact, during the debt-driven construction boom following the end of the civil war, over 70% of GDP increase was due to non-tradable production, as a reflection of large investments in infrastructure development and government services vis-à-vis a declining manufacturing sector.[47] However, non-tradable production – understood according to the methodology of economists Morris Goldstein and Lawrence H. Officer[48] – does not directly contribute to enhancing the country's debt servicing capacity.[49] In this sense, to appreciate the impact of external debt we may resort to the debt-to-export or the debt-to-total-tradable-GDP ratios, seeing a dramatic increase in debt accumulation in the decades preceding the pandemic.[50]

a. ISBs

Similarly, to appreciate the immediate causes of Sri Lanka's debt collapse in 2022, we need to analyze the

---

[46] Prema-Chandra Athukorala and Swarnim Wagle, "The Sovereign Debt Crisis in Sri Lanka," p. 9.

[47] Ibid., p. 7.

[48] Morris Goldstein and Lawrence H. Officer, "New Measures of Prices and Productivity for Tradable and Nontradable Goods," *Review of Income and Wealth* 25, no. 4 (December 1979): 413–27, https://doi.org/10.1111/j.1475-4991.1979.tb00116.x.

[49] Prema-Chandra Athukorala and Swarnim Wagle, "The Sovereign Debt Crisis in Sri Lanka," p. 7.

[50] Ibid., p. 10.

composition of the numerator of the previous ratios, that is external debt. As stated earlier, in the past two decades there was a decisive push towards more costly commercial loans from multilateral and bilateral loans with relatively lower interest rates.[51] More specifically, it was the first Rajapaksa government (2005-2014) to decisively turn to borrowing from external creditors, with a prominent role played by ISBs and ChEXIM loans. The aim was to finance President Mahinda's domestic infrastructure and consumption-driven growth strategy. The reasons included narrower access to concessional financing – following Sri Lanka's upgrade to middle-income country status in 1997, which conversely opened the gates to international capital markets –, the drop in exports of goods and services in favor of non-tradable production, and the persistently low levels of Foreign Direct Investments – especially due to the political risks associated with the civil war.[52]

The combination of debt accumulation and this compositional shift has severely aggravated Colombo's debt service ratio to government revenue at least since 2010.[53] High-interest rate ISBs have eaten into Sri Lanka's foreign currency cash flows. Between 2007 and 2019, Colombo issued some US$ 17 billion worth of ISBs in face value terms at high coupon rates – often ranging between 5% and 8%. According to the World Bank, in 2021 70% of the government's annual interest payments were linked to ISBs.[54] Moreover, the Sri

---

[51] Ibid., p. 12.
[52] Umesh Moramudali and Thilina Panduwawala, "Evolution of Chinese Lending to Sri Lanka since the Mid-2000s."
[53] Ibid., p. 12.
[54] Bram Nicholas and Shiran Illanperuma, "The Real Cause of Sri Lanka's Debt Trap," The Diplomat (Diplomat Media Inc.,

Lankan Treasury's 2020 annual report deemed the increase in interest payments on ISBs as a primary cause for the 14% rise in interest payments on foreign debt overall from 2019, while the interest-payments-to-GDP ratio on total debt grew from 6% to 6.5% – and the ratio of total debt service payments to government revenue and government expenditure respectively soared up to 141.9% and 48.5%. Finally, with 2020 foreign debt service payments above US$4 billion, the same report forecasted the variable to fluctuate between US$4 and US$5 billion in the 2021-25 period, with ISB maturities rising each year.[55]

Another risk associated with ISBs is their failure to yield a corresponding asset or economic growth, while the governmental management of the funds accrued from these bonds often lacks transparency. Moreover, restructuring of ISBs-led debts proves particularly challenging because of the bondholders' diversified interests, especially considering that more than 30% of Sri Lankan ISBs are subject to classic collective action clauses.[56] Finally, since a country's ISBs are themselves tradable according to credit rating agencies, should such agencies downgrade the country, the bonds' price will decrease while their yield will rise. However, since the yield provides a standard for coupon rates on future bonds, the country's downgrading may well result in more expensive future borrowing, causing a catch-22 whereby, to cover outstanding obligations borrowed at

---

March 2, 2023), https://thediplomat.com/2023/03/the-real-cause-of-sri-lankas-debt-trap/.

[55] Ministry of Finance, "Annual Report 2020," *Treasury* (Colombo: Government of Sri Lanka, December 31, 2020), https://www.treasury.gov.lk/api/file/0b7d1935-6235-4156-97b6-752d6a8039d0, pp. 127-32.

[56] Ibid.

lower rates, the country ends up taking on more debt at higher interest rates. With the three leading sovereign credit rating agencies downgrading Sri Lanka to a "substantial risk" investment category in 2020, due to its severe impairment to continue servicing its debt, Colombo's ISBs have been trading at just 40% of face value, while the country's access to global capital markets was virtually closed.[57]

In this sense, Sri Lanka's experience is far from unique. Indeed, several underdeveloped countries have fallen prey to the "ISB debt trap," allured by low interest rates following the 2008 financial crisis to patch chronic balance-of-payment deficits. Moreover, high ISB interest payments make such underdeveloped countries even more vulnerable to stresses from external and cyclical shocks, such as the COVID-19 pandemic – which immobilized global tourism and shrunk Sri Lanka's annual export revenue – and the war in Ukraine – which caused global oil and other commodity prices to soar. A deep exposure to bond markets appears to be the common denominator for some of the countries experiencing the worst debt distress, including those defaulting after 2019 – i.e., Argentina, Ecuador, Ghana, Lebanon, Zambia, and, of course, Sri Lanka.[58]

b. Politics

While benefiting from the IMF Extended Fund Facility program from 2016 to 2019, Sri Lanka implemented several policy measures to cushion the risks associated

---

[57] Prema-Chandra Athukorala and Swarnim Wagle, "The Sovereign Debt Crisis in Sri Lanka," p. 13.
[58] Bram Nicholas and Shiran Illanperuma, "The Real Cause of Sri Lanka's Debt Trap."

with rising governmental external debt service obligations, before the country could reach the edge of the cliff and unavoidably default on its obligations. Then came a new Rajapaksa-led government in November 2019, which accompanied the country back to the edge and pushed it down.

Months before COVID-19, Gotabaya Rajapaksa inaugurated several deep tax cuts to fulfill his election promises – e.g., the Value Added Tax (VAT) was almost halved from 15% to 8%.[59] In the short run, by wiping out almost one-third of governmental revenue in 2019 – with the total-revenue-to-GDP ratio dropping from 11.9% to 8.7%[60] –, such tax cuts brought about an exceptionally high budget deficit, which Colombo tried patching up through monetary financing.[61] Moreover, since the tax cuts contradicted the IMF fiscal consolidation program, the Fund denied Sri Lanka's request for assistance under the rapid financial instrument in March 2020, and Colombo was denied the final US$ 155 million installment of the IMF EFF program. Nonetheless, rather than aligning itself with the Fund by entering a stabilization program, the Sri Lankan government implemented a "home-grown" response aimed at muddling through the pandemic rather than tackling the roots of the crisis.[62]

---

[59] Soumya Bhowmick, "How Sri Lanka's Tax Cuts Crippled Its Economy," ORF, August 6, 2022, https://www.orfonline.org/expert-speak/how-sri-lankas-tax-cuts-crippled-its-economy/.
[60] Ministry of Finance, "Annual Report 2022," *Treasury* (Colombo: Government of Sri Lanka, April 30, 2023), https://www.treasury.gov.lk/api/file/39a16e61-7659-476b-8f18-d969c7a69733.p. 68.
[61] Prema-Chandra Athukorala and Swarnim Wagle, "The Sovereign Debt Crisis in Sri Lanka."
[62] Ibid.

One particularly disastrous *ad hoc* measure was President Gotabaya's abrupt ban on the import of chemical fertilizers in April 2021. Presented as a shortcut towards organic farming, the ban was more likely an ill-fated attempt to protect dwindling foreign currency reserves.[63] This initiative stoked an economic crisis, compromising the island's agricultural sector for years, and causing a US$137.7 million decline in agricultural exports – against a mere US$ 15 million drop in fertilizer imports – and average welfare losses equivalent to a 1.5% income downturn.[64] Even worse, the ban reduced by a third, or sometimes even halved, the harvest of crops in 2021, forcing Colombo to increase its agricultural imports to avoid a hunger crisis, ultimately aggravating the balance-of-payment deficit.[65]

Moreover, the government adopted a "rollover" strategy of refinancing existing debt through short-term borrowings. While it did help reduce the cost of debt service burden thanks to the relatively low interest rates of the new loans, the measure partially worsened Sri Lanka's debt profile by hardening its term structure, and it further perpetuated the debt overhang driving toward rigid import controls. Subsequently, import restrictions

---

[63] Benjamin Parkin and Mahendra Ratnaweera, "Sri Lanka Farmers Count the Cost of Government Fertiliser Ban," *Financial Times,* December 28, 2022, https://www.ft.com/content/27a4fa03-74d7-409a-89e6-0f0391786c3e.

[64] Devaki Ghose et al., "Fertilizer Import Bans, Agricultural Exports, and Welfare: Evidence from Sri Lanka," *IMF* (Washington D.C.: IMF, October 25, 2023), https://www.imf.org/-/media/Files/News/Seminars/2023/9th-joint-imf-WBG-WTO-trade-conference/session-53-ghose.ashx.

[65] Prema-Chandra Athukorala and Swarnim Wagle, "The Sovereign Debt Crisis in Sri Lanka."

failed to ameliorate the country's trade deficit, since, apart from an immediate import contraction following the introduction of quotas in mid-2020, good inflows had risen to the pre-crisis level by the second quarter of 2022.[66] The reasons for this failure include loopholes in the restriction implementation, importers' over-invoicing, and imports financed through the thriving black market for foreign exchange that emerged after the Central Bank's decision in September 2020 to fix the exchange rate at the non-credible peg of LKR 200/US$.[67]

Concerning this decision, in order to hold the Rupee value against the US Dollar, the Central Bank sold out its dwindling foreign exchange reserves, already depleted to refinance maturing ISBs. Then, when in March 2022 the Rupee was eventually allowed to float, its value vis-à-vis the US Dollar collapsed – with year-to-year inflation reaching almost 70% in September 2022 –,[68] and usable foreign reserves all but emptied,[69] as official reserves plummeted from US$7.6 billion before COVID-19 to below US$500 million in April 2022.[70]

In short, the prolonged strategy of monetary and fiscal easing proved imprudent for a macroeconomically

---

[66] Ibid., p. 17.

[67] Ibid., p. 16.

[68] The World Bank, "Sri Lanka Development Update: Time to Reset," *WB IBRD* (Washington D.C.: The World Bank, April 2023), https://thedocs.worldbank.org/en/doc/64a39c836b5aff415ca33 9ae14a1afbc-0310062023/original/Sri-Lanka-Development-Update-April-2023-final.pdf, p. 2.

[69] Umesh Moramudali and Thilina Panduwawala, "Evolution of Chinese Lending to Sri Lanka since the Mid-2000s."

[70] The World Bank, "Sri Lanka Development Update," p. 4.

fragile country like Sri Lanka. Nonetheless, all the evidence regarding the island's economic tenure notwithstanding – including the World Bank downgrading the Teardrop to lower-middle income status in July 2020 –, the government in Colombo held its course against anybody suggesting otherwise, including the IMF Article IV consultation report published in March 2022 that described Sri Lanka's public debt as "unsustainable," to which the authorities responded that there was no urgent need for rescheduling.

c.   The Perfect Storm

The economic crisis that culminated with the default in April 2022 may well represent a perfect storm, where contingent and exogenous factors – e.g., the 2019 terrorist attacks,[71] the COVID-19 pandemic, and the Ukrainian conflict – ignited the fuse posed by year-long underlying dynamics – e.g., macroeconomic instability, economic stagnation, the "twin deficit problem." In this context, China appears to be only one actor in an articulated plot that predates the Dragon's arrival on the scene. On the other hand, what has always been on stage since 1948 – or rather what has always made its absence felt – is the lack of a government able to "independently steer the economy with a well-planned, stable, long-term vision."[72] Indeed, a dangerous mixture of short-termism,

---

[71] Jack Seale, "Sri Lanka's Easter Bombings Review – Startling and Deeply Disturbing Viewing," The Guardian, September 5, 2023, sec. Television & radio, https://www.theguardian.com/tv-andradio/2023/sep/06/sri-lankas-easter-bombings-review-startling-and-deeply-disturbing-viewing.
[72] Vagisha Gunasekara, "Crises in the Sri Lankan Economy: Need for National Planning and Political Stability," ISAS

macroeconomic policy inconsistencies, and bureaucratic inefficiencies laid the foundations of the Teardrop's vulnerability to the boom-and-bust cycles of global capitalism, at least since the 1977 neoliberal turn.

In this light, the nearly two decades of the Rajapaksa's dynastic rule present a staggering example; both Mahinda's two presidential terms (2005-15) and his brother Gotabaya's presidency (2019-22) were characterized by nepotism and corruption, as the two strongmen turned the government into "a family enterprise."[73] Moreover, they gladly espoused a blatant populism made of tax exemptions and reductions for wealthy and multinational corporations, and the political grandeur exemplified by gargantuan and not-thoroughly planned development projects.

Furthermore, the family has proven remarkably hostile to both domestic and international dissenting voices, as evidenced by Gotabaya's stubborn refusal to listen to the IMF. As affirmed by opposition lawmaker and economist Harsha De Silva, "the Rajapaksas believe that expertise lies only among their family – that if one brother can't do, the next brother will try, and if that fails, a third brother will do."[74] The outcome has been the outburst of a domestic economic crisis that had been fermenting for decades, and the declining tenure of Sri Lankan democracy due to the family's unchecked

---

Working Papers, November 23, 2021, https://doi.org/10.48561/5ajf-vq2c.
[73] Mujib Mashal, "In Sri Lanka, the Government Looks Increasingly like a Family Firm," *The New York Times*, July 10, 2021, sec. World, https://www.nytimes.com/2021/07/10/world/asia/sri-lanka-basil-rajapaksa.html.
[74] Ibid.

decision-making authority and a deeply-rooted culture of impunity regarding official corruption.[75]

IV.   Conclusion

Reducing Sri Lanka's economic crisis leading to its default in 2022 as a mere instance of China's "debt trap" does not do justice to all the shades of an infinitely more complex picture. The immediate cause for Colombo's collapse is the very structure of the island's debt, and in particular the exposure to ISBs issued at high interest rates on the global capital market. At the same time, what proved decisive was the combination of several exogenous factors with the *fil rouge* of Sri Lanka's post-colonial history, namely the shortsightedness, inconsistency, and inefficacy of its political leadership and State machinery.

As the largest sovereign creditor in overseas development finance in the world, Beijing's engagement in global governance is far from uncontroversial, and its liaison with Colombo is no exception.[76] What is more pressing now is how the Dragon will respond to the Teardrop's efforts to debt restructuring. Indeed, rising Sino-Indian tensions have hampered Sri Lanka's negotiations with the IMF to reach the "staff-level

---

[75] Freedom House, "Sri Lanka: Freedom in the World 2023 Country Report," *Freedom House* (Freedom House, 2023), https://freedomhouse.org/country/sri-lanka/freedom-world/2023.

[76] Jue Wang and Michael Sampson, "Development Finance: A New Model?," in *China's Approach to Global Economic Governance* (London: Chatham House, 2021), https://www.chathamhouse.org/2021/12/chinas-approach-global-economic-governance/development-finance-new-model.

agreement" unlocking the next tranche of funds under a US$3-billion lending program.

In conclusion, identifying what Thucydides would have termed the *alethestate prophasis*, the 'truest reason' of Sri Lanka's economic crisis is a challenging task exceeding the scope of the present article, whose focus centers on the role of China. Nonetheless, should we find a moral in Colombo's cautionary tale, we may paraphrase Nilanthi Samaranayake, former Director of the Strategy and Policy Analysis Program at the Center for Naval Analyses (CNA), concerning Sri Lanka's status as a "small State."[77] As such, the island is often deemed at the mercy of greater powers' whims. Yet, Sri Lanka is not reducible to the geopolitical and regional dynamics, for it has its autonomy, strengths, and inefficiencies. Therefore, for any causal assessment, we should check our analytic assumptions and factor in Colombo's agency – or lack thereof.

---

[77] Patrick Köllner and Raphaëlle Khan, "Sri Lanka's Role as a Small State in the Indo-Pacific, with Nilanthi Samaranyake," Podcast (Sciences Po-CERI and German Institute for Global and Area Studies, November 18, 2021), https://www.sciencespo.fr/ceri/observatory-indo-pacific/sri-lankas-role-as-a-small-state-in-the-indo-pacific/.

Bibliography

Abi-Habib, Maria. "How China Got Sri Lanka to Cough up a Port." *The New York Times*, June 25, 2018. https://www.nytimes.com/2018/06/25/world/asia/chinasr i-lanka-port.html.

Athukorala, Prema-Chandra, and Swarnim Wagle. "The Sovereign Debt Crisis in Sri Lanka. Causes, Policy Response and Prospects." *UNDP*. New York: UNDP Regional Bureau for Asia and the Pacific, August 2022. https://www.undp.org/publications/sovereign-debtcrisis-sri-lanka-causes-policy-response-and-prospects.

Attanayake, Chulanee. "Sri Lanka's Economic Crisis: Lessons for Those in China's Debt." *Raisina Files 2023*, March 2, 2023. https://www.orfonline.org/expert-speak/sri-lankas-economic-crisis/.

Attanayake, Chulanee, and Ganeshan Wignaraja. "Sri Lanka's Simmering Twin Crises." The Interpreter. The Lowy Institute, August 26, 2021. https://www.lowyinstitute.org/the-interpreter/sri-lanka-s-simmering-twin-crises.

BBC News. "Sri Lanka: Ranil Wickremesinghe Elected President by MPs." *BBC News*, July 20, 2022. https://www.bbc.com/news/world-asia-62202901.

Bhowmick, Soumya. "How Sri Lanka's Tax Cuts Crippled Its Economy." ORF, August 6, 2022. https://www.orfonline.org/expert-speak/how-sri-lankas-tax-cuts-crippled-its-economy/.

Brautigam, Deborah. "A Critical Look at Chinese 'Debt

Trap Diplomacy': The Rise of a Meme." *Area Development and Policy* 5, no. 1 (December 6, 2019): 1-14. https://doi.org/10.1080/23792949.2019.1689828.

Carrai, Maria Adele. "Questioning the Debt-Trap Diplomacy Rhetoric Surrounding Hambantota Port." Georgetown Journal of International Affairs. Walsh School of Foreign Service, June 5, 2021. https://gjia.georgetown.edu/2021/06/05/questioning-the-debt-trap-diplomacy-rhetoric-surrounding-hambantota-port/.

Central Bank of Sri Lanka. "Monthly Bulletin | 2023 January-April." *CBSL*. Colombo: Central Bank of Sri Lanka, April 2023. https://www.cbsl.gov.lk/sites/default/files/cbslweb_docments/statistics/mbt/monthly_bulletin_january_april_2023.pdf.

Chellaney, Brahma. "China's Debt-Trap Diplomacy." Project Syndicate, January 23, 2017. https://www.project-syndicate.org/commentary/china-one-belt-one-road-loans-debt-by-brahma-chellaney-2017-01.

China Merchants Port Holdings Company Limited. "Potential Discloseable Transaction Concession Agreement in Relation to Hambantota Port," July 25, 2017. https://www.cmport.com.hk/UpFiles/bpic/2017-07/20170725061311456.pdf.

CNA Correspondent. "China's Belt and Road: A Debt Trap for Sri Lanka?" YouTube. CNA Insider, September 14, 2023. https://www.youtube.com/watch?v=Kx9rChH-MmA.

Department of External Resources. "Foreign Debt
Summary." Department of External Resources.
Government of Sri Lanka, 2023.
https://www.erd.gov.lk/index.php?option=com_content
&view=article&id=102&Itemid=308&lang=en.

Freedom House. "Sri Lanka: Freedom in the World 2023
Country Report." *Freedom House*. Freedom House,
2023.   https://freedomhouse.org/country/sri-
lanka/freedom-world/2023.

Ghose, Devaki, Eduardo Fraga, Ana Fernandes, Gonzalo
Varela, and World Bank. "Fertilizer Import Bans,
Agricultural Exports, and Welfare: Evidence from Sri
Lanka." *IMF*. Washington D.C.: IMF, October 25, 2023.
https://www.imf.org/-
/media/Files/News/Seminars/2023/9th-joint-imf-WBG-
WTO-trade-conference/session-53-ghose.ashx.

Goldstein, Morris, and Lawrence H. Officer. "New
Measures of Prices and Productivity for Tradable and
Nontradable Goods." *Review of Income and Wealth* 25,
no. 4 (December 1979): 413–27.
https://doi.org/10.1111/j.1475-4991.1979.tb00116.x.

Gunasekara, Vagisha. "Crises in the Sri Lankan
Economy: Need for National Planning and Political
Stability." *ISAS Working Papers*, November 23, 2021.
https://doi.org/10.48561/5ajf-vq2c.

Handunneththi, Sunil. "Third Report of the Committee
on Public Enterprises." *Parliament of Sri Lanka*,
October 23, 2019.
https://parliament.lk/uploads/comreports/157371848504

2687.pdf#page=1.

International Monetary Fund. "Sri Lanka: Staff Report
for the 2016 Article IV Consultation and Request for a
Three-Year Extended Arrangement under the Extended
Fund Facility." *IMF*. Washington D.C.: IMF, June 14,
2016.https://www.imf.org/en/Publications/CR/Issues/20
16/12/31/Sri-Lanka-Staff-Report-for-the-2016-
Article-IV-Consultation-and-Request-for-a-
Three-Year-43960.

 "Sri Lanka: Staff Report for the 2021 Article IV
Consultation." *IMF*. Washington D.C.: IMF,
February 10, 2022.
https://www.imf.org/en/Publications/CR/Issues/2022/03/
25/Sri-Lanka-2021-Article-IV-Consultation-
Press-Release-Staff-Report-and-Statement-by-
the-515737.

Jones, Lee, and Shahar Hameiri. "Sri Lanka and the
BRI." In *Debunking the Myth of "Debt-Trap
Diplomacy."* London: The Royal Institute of
International Affairs, 2020.
https://www.chathamhouse.org/sites/default/files/2020-
08-25-debunking-myth-debt-trap-diplomacy-
jones-hameiri.pdf.

Kandaudahewa, Hasith. "Sri Lanka's Strategic
Dilemma: Navigating Great-Power Rivalry in the Indo
Pacific." Journal of Indo-Pacific Affairs. Air University,
September 21, 2023.
https://www.airuniversity.af.edu/JIPA/Display/Article/3
533622/sri-lankas-strategic-dilemma-navigating-
great-power-rivalry-in-the-indo-pacific/.

Klein, Natalie. "A String of Fake Pearls? The Question
of Chinese Port Access in the Indian Ocean." The
Diplomat. Diplomat Media Inc., October 25, 2018.
https://thediplomat.com/2018/10/a-string-of-fake-pearls-
the-question-of-chinese-port-access-in-the-
indian-ocean/.

Köllner, Patrick, and Raphaëlle Khan. "Sri Lanka's Role
as a Small State in the Indo-Pacific, with Nilanthi
Samaranyake." Podcast. Sciences Po-CERI and German
Institute for Global and Area Studies, November 18,
2021.   https://www.sciencespo.fr/ceri/observatory-indo-
pacific/sri-lankas-role-as-a-small-state-in-the-
indo-pacific/.

Krishnan, Ananth. "'Entrapment' or 'Ineptitude'? Sri
Lanka Debt Crisis Reignites Debate on Chinese
Lending." *The Hindu*, May 7, 2022, sec. World.
https://www.thehindu.com/news/international/entrapmen
t-or-ineptitude-sri-lanka-debt-crisis-reignites-
debate-on-chinese-lending/article65391386.ece.

Kuruwita, Rathindra. "Sri Lanka's Leaderless Protests."
The Diplomat. Diplomat Media Inc., April 12, 2022.
https://thediplomat.com/2022/04/sri-lankas-leaderless-
protests/.

Liu, Zhigao, Seth Schindler, and Weidong Liu.
"Demystifying Chinese Overseas Investment in
Infrastructure: Port Development, the Belt and Road
Initiative and Regional Development." *Journal of
Transport Geography* 87, no. 102812 (July 2020).
https://doi.org/10.1016/j.jtrangeo.2020.102812.

Mashal, Mujib. "In Sri Lanka, the Government Looks

Increasingly like a Family Firm." *The New York Times*,
July 10, 2021, sec. World.
https://www.nytimes.com/2021/07/10/world/asia/srilank
a-basil-rajapaksa.html.

"The Rajapaksa Family Has Dominated Sri Lankan
Politics." *The New York Times*, July 9, 2022, sec. World.
https://www.nytimes.com/2022/07/09/world/asia/rajapak
sa-family-sri-lanka-president.html.
Ministry of Finance. "Annual Report 2020." *Treasury*.
Colombo: Government of Sri Lanka, December 31,
2020.   https://www.treasury.gov.lk/api/file/0b7d1935-
6235-4156-97b6-752d6a8039d0.

"Annual Report 2022." *Treasury*. Colombo:
Government of Sri Lanka, April 30, 2023.
https://www.treasury.gov.lk/api/file/39a16e61-7659-
476b-8f18-d969c7a69733.

Ministry of Finance and Planning. "2010 Annual
Report." *Ministry of Finance, Economic Stabilization &
National Policies*. Colombo: Government of Sri Lanka,
March 2011.
https://www.treasury.gov.lk/api/file/2a7fd7a7-2ce2-
4b4a-afc3-6e61ff0c993c.

Moramudali, Umesh, and Thilina Panduwawala.
"Evolution of Chinese Lending to Sri Lanka since the
Mid-2000s - Separating Myth from Reality." *SAIS
China-Africa Research Initiative*. Vol. 8. Washington
D.C.: Johns Hopkins University, November 28, 2022.
https://ssrn.com/abstract=4305736.

"From Project Financing to Debt Restructuring: China's
Role in Sri Lanka's Debt Situation." Panda Paw Dragon

Claw. WordPress, June 13, 2022.
https://pandapawdragonclaw.blog/2022/06/13/from-
        project-financing-to-debt-restructuring-chinas-
        role-in-sri-lankas-debt-situation/.

Nebehay, Stephanie, and Alasdair Pal. "Sri Lanka Faces
U.N. Scrutiny over Civil War Crimes." *Reuters*, March
23,   2021,   sec.   India.
        https://www.reuters.com/article/srilanka-rights-
        un-idUSKBN2BF1DF.

Nicholas, Bram, and Shiran Illanperuma. "The Real
Cause of Sri Lanka's Debt Trap." The Diplomat.
Diplomat Media Inc., March 2, 2023.
https://thediplomat.com/2023/03/the-real-cause-of-sri-
        lankas-debt-trap/.

Paris Club. "Permanent Members." Club de Paris.
Accessed June 3, 2024.
https://clubdeparis.org/en/communications/page/perman
        ent-members.

Parkin, Benjamin , and Mahendra Ratnaweera. "Sri
Lanka Farmers Count the Cost of Government Fertiliser
Ban." *Financial Times*, December 28, 2022.
https://www.ft.com/content/27a4fa03-74d7-409a-89e6-
        0f0391786c3e.

Peiris, Gerald Hubert, and Sinnappah Arasaratnam. "Sri
Lanka." In *Encyclopædia Britannica*, October 29, 2023.
https://www.britannica.com/place/Sri-Lanka.

Seale, Jack. "Sri Lanka's Easter Bombings Review –
Startling and Deeply Disturbing Viewing." *The
Guardian*, September 5, 2023, sec. Television & radio.

https://www.theguardian.com/tv-and-
        radio/2023/sep/06/sri-lankas-easter-bombings-
        review-startling-and-deeply-disturbing-viewing.

The Indian Express. "Mahinda Rajapaksa Steps down as
Sri Lankan Prime Minister amid Economic Crisis." *The
Indian Express*, May 9, 2022.
https://indianexpress.com/article/world/sri-lankan-
        prime-minister-mahinda-rajapaksa-resigns-
        7908244/.

The World Bank. "Sri Lanka Development Update:
Time to Reset." *WB IBRD*. Washington D.C.: The World
Bank, April 2023.
https://thedocs.worldbank.org/en/doc/64a39c836b5aff41
5ca339ae14a1afbc-0310062023/original/Sri-Lanka-
Development-Update-April-2023-final.pdf.

Wang, Jue, and Michael Sampson. "Development
Finance: A New Model?" In *China's Approach to
Global Economic Governance*. London: Chatham
House, 2021.
https://www.chathamhouse.org/2021/12/chinas-
approach-global-economic-governance/development-
finance-new-model.

Wignaraja, Ganeshan, Dinusha Panditaratne, Pabasara
Kannangara, and Divya Hundlani. "Chinese Investment
and the BRI in Sri Lanka." London: Chatham House,
March 2020.
https://www.chathamhouse.org/sites/default/files/CHHJ8
        010-Sri-Lanka-RP-WEB-200324.pdf.

Biography

Matteo Gabutti is an international relations student born in Italy in 2000. After graduating with honors from the bachelor's in International Relations and Diplomatic Affairs at the University of Bologna, he is currently pursuing a master's in International Governance and Diplomacy at Sciences Po, Paris School of International Affairs. He works with *Mondo Internazionale APS* as an author for the thematic area "Society," and he is a frequent contributor for the geopolitical journal *Kosmos*.

Ethiopia's Situation Through the Years, Amid Internal Tensions and Complicated Relations with Neighboring States

Alice Rambaldi – Junior Researcher, Mondo Internazionale G.E.O. Politics

Abstract

Ethiopia is one of the countries of the Horn of Africa, located in a landlocked area, with a rather tumultuous recent and past history full of instabilities of various kinds. Ethiopia's history encompasses many focal moments that provide insight into the difficult situation facing the country today, both at the domestic and foreign policy levels.

The idea of this article stems from the need to encapsulate in a text the focal events that led Ethiopia to be what it is today, giving a comprehensive and detailed overview of the history of this nation and what were the key steps that led it to experience certain current situations and face certain political situations both internally and externally.

This paper aims to fill a literature gap with a precise timeline that can help the reader fully understand the roots of today's politics in Ethiopia so that we can understand more clearly why today's dynamics are taking place.

The idea of giving a very comprehensive overview of Ethiopian history is also intended to give a more specific and reasoned conclusion on possible future scenarios for Ethiopia; fully understanding the nation's past is, again, a crucial step in understanding not only the present but also what might occur in the short to medium term.

L'Etiopia è uno dei Paesi del Corno d'Africa, situato in un'area priva di sbocchi sul mare e con una storia recente e passata piuttosto tumultuosa, piena di instabilità di vario tipo. La storia dell'Etiopia racchiude molti momenti cruciali che permettono di comprendere la difficile situazione che il Paese si trova ad affrontare oggi, sia a livello di politica interna che estera.

L'idea di scrivere questo articolo nasce dall'esigenza di racchiudere in un testo gli eventi focali che hanno portato l'Etiopia a essere ciò che è oggi, fornendo una panoramica completa e dettagliata della storia di questa nazione e di quali sono stati i passaggi chiave che l'hanno portata a vivere determinate situazioni attuali e ad affrontare determinate situazioni politiche sia interne che esterne.

Durante la mia ricerca, ho faticato a trovare un documento che racchiudesse le fasi della politica interna ed estera dell'Etiopia che fosse completo, dettagliato ed esaustivo. Da qui la mia idea di creare una linea temporale precisa che possa aiutare il lettore a comprendere appieno le radici della politica odierna in Etiopia, così da comprendere a pieno le dinamiche odierne.

L'idea di dare una panoramica molto comprensiva della storia Etiope è inoltre volta a dare una conclusione più specifica e ragionata sui possibili scenari futuri per l'Etiopia; comprendere a pieno i pregressi della nazione costituisce, nuovamente, uno passo fondamentale per comprendere non solo il presente ma anche cosa potrebbe verificarsi nel breve-medio periodo.

Keywords: Ethiopia – Oromo Protests – Tigray War – Abiy Ahmed Ali – Pretoria Peace – Foreign Ethiopian Politics

Parole chiave: Etiopia – Proteste Oromo – Guerra del Tigrè – Abiy Ahmed Ali – Pace di Pretoria – Politica estera etiope

I. Ethiopia, a brief political-historical excursus: from the Derg dictatorship to the Ethiopian-Somalian conflict

Ethiopia has gone through a crucial evolution from 1974 to the present, which is focal for fully understanding today's dynamics.

The paper will follow a chronological order, which I believe is the clearest to best understand the complete timeline of the Ethiopian nation, thus gathering an overview of the internal and external challenges the federal republic has faced over the years.

Beginning then with Ethiopia's emergence following the end of the Derg dictatorship, an excursus will follow on the major foreign policy challenges Ethiopia faced following its emergence, challenges that have strong repercussions even today in relations between the Ethiopian nation and its neighboring states. Next, again in chronological order, we will go on to analyze the early Oromo protests that lit a fuse of instability within the territory and soon led to the rise to power of the current president Abiy Ahmed, a rather controversial and pivotal figure in Ethiopia's current internal dynamics. This will be followed by an analysis of the recent Tigray war, which erupted as a result of the covid 19 pandemic, and all the consequences that followed, including the current Amhara conflict. Finally, an analysis of the current foreign policy tensions Ethiopia is experiencing to date will follow.

As specified in the abstract, the chronological analysis is intended to give a detailed and comprehensive overview of the dynamics that have taken place over the years and led to the present situation, while also allowing us to be able to make some predictions about what will be the most likely development of future situation.

a. The end of the Derg dictatorship and the birth of the Federal Democratic Ethiopian Republic in 1991

From 1974 to 1991, The Derg dictatorship present in Ethiopia represented a particularly dark period for the Ethiopian nation, which soon led to social impoverishment and the risk of famine. Popular discontent was thus the main impetus for an internal revolution aimed at ending the dictatorship, led by the Eritrean People's Liberation Front (EPLF)[1] – a separatist movement that would later gain independence from Ethiopia in 1993, and which in December 1987 successfully overpowered the Derg government – and also the Tigray People's Liberation Front (TPLF), another separatist movement aiming for the autonomy of the Tigray region[2].

The TPLF later united with the Ethiopian People's Democratic Movement to form the Ethiopian People's

---

[1] Britannica Encyclopedia, "Eritrean People's Liberation Front", accessed 26 April 2024.
https://www.britannica.com/topic/Eritrean-Peoples-Liberation-Front

[2] Britannica Encyclopedia, "Socialist Ethiopia: (1974-91)", accessed 26 April 2024.
https://www.britannica.com/place/Ethiopia/Socialist-Ethiopia-1974-91

Revolutionary Democratic Front (EPRDF): this union finally succeeded in retaking more and more territory from the Derg regime.

In 1991 the new Ethiopian leader, Meles Zenawi, stepped foot in the capital city Addis Ababa with a strong promise: a new peaceful and democratic era for the nation. The just-instituted Ethiopian Federal Republic gave birth to a new epoch for the country after a long period of dictatorship, marking the beginning of a new Ethiopian Federation still alive today.

In June 1992, the first regional elections took place in the country: despite initial frictions between the parties, the Ethiopian populations went to the polls with only the Ethiopian People Revolutionary Democratic Front (EPRDF) and its affiliate parties participating as candidates.

In 1994, the Ethiopian Federal Constitution started to take shape, coming into force the following year and officially comprehending the following territorial entities: State of Tigray, State of Afar, State of Amhara, State of Oromia, State of Somali, State of Benishangul/Gumuz, State of Southern Nations, State of Gambela Peoples and State of the Harari People[3]. The States, commonly known as "regions", take their names after their dominant ethnonationalities, making Ethiopia a very unique type of Federation system, often referred to by researchers and scholars as a specific kind of "ethnic federalism"[4].

---

[3] Bizuneh Getachew Yimenu, "The Politics of Ethnonational Accommodation Under a Dominant Party Regime: Ethiopia's Three Decades' Experience", *Journal of Asian and African Studies* Vol 58(8) (2023): 1622-1638.
[4] Berihun Adugna Gebeye., "The Four Faces of Ethiopian Federalism", *Harvard Law School | Human Rights Program*, 12 April 2023: 157-190.

The 1995 Constitution provided for some fundamental points, such as the equality of all people before the law of the nations, as well as the provision of a wide range of governmental freedoms left to the States Parties of the Federation, which hold every power except for the tax system, the control of which is left to the central government[5].

b.   New challenges for the newborn Federation:
the Ethiopian-Eritrean War (1998)

The 1998 Eritrean-Ethiopian conflict was the real first shake-up after the institution of the Ethiopian Federation. Also known as the Badme War, the conflict between Eritrea and Ethiopia erupted due to disputes over the definition of the boundaries of the city of Badme. Indeed, the Eritreans claimed ownership of the town of Badme stemming from the Italian colonial era, accusing the Ethiopian government of seeking any pretext to expand territorially north beyond the Tigray province; Ethiopia, on the other hand, pointed out that the city had never actually been under the administration of the Eritrean government. The tensions escalated into an armed conflict with tragic human losses, resulting in a historical event that still has consequences for relations between the two States[6].

The armed conflict was formally resolved with the Algiers Agreement in 2000, signed thanks to the intervention of the United Nations, which decreed the city of Badme as belonging to Eritrea. Nevertheless, the

---

[5] Consistution of the Federal Democratic Republic of Ethiopia, 1995.

[6] Sandra F. Joreiman, "Ethiopia and Eritrea: Border War", *University of Richmond – Political Science Faculty Publications*, 2000.

Ethiopian government did not accept the final UN decision nor withdraw its troops until July 2018.

In 2006, the Ethiopian National Defense Forces (ENDF), supported militarily and politically by the United States, invaded the Somali sovereign territory intending to support the Transitional Federal Government against the Islamic Courts Union (ICU).

Somalia was coming out of 15 years of failed attempts to establish a stable central government when the Ethiopian-backed Transitional Federal Government (TFG) came to power in 2006. The semblance of stability derived from the emergence of a central Somali government was soon put to the test when in the same year the Union of Islamic Courts formed the Alliance for the Restoration of Peace and Counter-Terrorism (ARPCT), taking control of much of the territory and of the capital Mogadishu[7].

Ethiopia reacted promptly with the entry of its national troops into the Somali territory with the aim of ousting the ICU, initiating an internal conflict situation that immediately caught international attention: in December 2006, the United Nations intervened with Resolution 1725 in an attempt to foster dialogue and peace between the Ethiopian-backed transitional federal government and the ICU, but without success. The Islamic Courts Union responded with a failed attack to the TFG's remaining territories.

Despite the defeat of the ICU, the conflict situation continued, leading to the emergence of growing radicalization and specifically contributing to the birth of

---

[7] Braden Civins, "Ethiopia's intervention in Somalia", University of Texas – Yonsei Journal of International Studies, 2010: 137-154.

the terrorist organization Al-Shabaab[8], still present on the Somali soil.

As will be seen in the section dedicated to the analysis of the current Ethiopian situation, the relations between Ethiopia and Somalia are still quite tense due to recent events that soured the already delicate political balance between the two countries.

II.   From the 2015 Oromo protests to the outbreak of the Tigray war: the progression of chaos

Between the second half of the 2000s and the first half of the 2010s, Ethiopia experienced remarkable economic growth, especially under the government of Hailemariam Desalegn[9], who became the country's prime minister following the death of his predecessor, Meles Zenawi, in 2012. Despite the positive climate of industrial growth in the Ethiopian nation, major political challenges began to dominate the national scene from 2014 onward.

The following paragraphs are therefore aimed at bringing order to the last decade of focal events in Ethiopian history, a decade that gave way to several key and complex dynamics still active to this day.

a.   *The Oromo protests (the biennium 2014-2016)*

---

[8] Marta Cavallaro, "Somalia, la guerra infinita", Atlante Guerre, 14 November 2022.
https://www.atlanteguerre.it/somalia-la-guerra-infinita/#
[9] Greg Mills, "Ethiopia's Hallemariam Desalegn: Growth has to be started to be sustainable", Daily Maverick, 7 June 2016.
https://www.dailymaverick.co.za/article/2016-06-07-ethiopias-hailemariam-desalegn-growth-has-to-be-shared-to-be-sustainable/

The two-year period 2014-2016 was pivotal in determining Ethiopian politics and history in the following years. Protests by the Oromo, the predominant ethnic group in Ethiopia, led to subsequent turmoil and violence whose effects were (and still are) far from positive for the nation.

To give some context, it has to be underlined that relations between the Oromo and the Ethiopian central government had already been tense for many years, so much so that in 1992 the Oromo Liberation Front (OLF), which was formed to promote self-determination for the ethnic group, had been categorized as a terrorist organization by the central government.

In 2014, the first sparks of protest began in Ethiopia following the central government's proposal to expand the administrative boundaries of the capital, Addis Ababa, aiming to include the Oromia region: the Oromo people immediately feared the loss of their land as a result of this measure, and began to protest for their territorial and political rights. After a brief period of relative calm, in November 2015 the protests flared up again, and a climate of general unrest and widespread violence expanded in Ethiopia as protests were violently repressed by the Ethiopian government and armed forces. The protests continued despite the withdrawal of the government proposal in early 2016, and were again forcibly opposed by national security forces, leading to hundreds of deaths and imprisonments in less than a year.

The violence used by the Ethiopian government in suppressing the turmoil continued into the second half of 2016, when the armed forces fired tear gas and live bullets at a crowd of more than two million people, who had gathered peacefully to celebrate a typical Orome holiday. International and domestic outrage and concern continued and intensified when the Ethiopian government declared a state of emergency on 9 October 2016, a measure intended to last for 10 months total[10] which led to a general climate of press censorship and more targeted and violent control[11].

b. The resignation of Minister Desalegn and Abiy Ahmed Ali's rise to power:

On February 15, 2018, Hailemariam Desalegn officially resigned, relinquishing his role as prime minister and chairman of the ruling party[12]. Desalegn publicly stated that his withdrawal from the political scene was aimed at giving a concrete contribution of his own to the creation of a democratic and peaceful future in Ethiopia after the nation's recent violent history.

The prime minister's resignation led to the immediate declaration of the state of emergency for the country, aimed at maintaining order and anticipating possible internal strife given the turmoil of the past two years.

---

[10] Africanews, "Ethiopia – a deadly 2017 saddled with security headache, simmering protests", last updated 9 December 2019.
https://www.africanews.com/2018/01/03/ethiopia-a-deadly-2017-saddled-with-security-headache-simmering-protests//
[11] Mebratu Kelecha, "Protest, Repression and Revolution in Ethiopia", Review of African Political Economy, 24 January 2019.
https://roape.net/2019/01/24/protest-repression-and-revolution-in-ethiopia/
[12] Paul Schemm, "Ethiopia's prime minister resigns amid political turmoil", Washington Post, 15 February 2018.
https://www.washingtonpost.com/world/africa/ethiopias-prime-minister-resigns-amid-political-turmoil/2018/02/15/ad3fc10a-1246-11e8-9570-29c9830535e5_story.html

Minister Desalegn was then replaced by Abiy Ahmed Ali, an ethnic Oromo politician[13] who officially obtained the position of Ethiopian prime minister on April 2, 2018[14].

c. *Abiy Ahmed Ali's rise to power: a promising start*

Abiy's entry initially represented a peaceful period for Ethiopia, which was coming off three difficult years, dense with clashes and violence due to protests and strong crackdowns by security forces. Indeed, Abiy demonstrated from the outset a willingness to break off the dispute with Eritrea which dated back to 1998. At the time of the new minister's rise to power, Ethiopian troops were still occupying Eritrean territory, and relations between the two States were still quite tense, though they were no longer formally at war.

In June 2018, Abiy formally communicated the Ethiopian State's willingness to accept the terms imposed by the 2002 Algiers Accords, which declared the town of Badme as part of Eritrean territory, terms which had never been accepted before by the Addis Ababa government. Abiy officially decided to end the dispute between the two States, thus opening the door to

---

[13] Britannica Encyclopedia, "Abiy Ahmed", last updated 10 May 2024.
https://www.britannica.com/biography/Abiy-Ahmed
[14] Aljazeera, "Abiy Ahmed sworn in as Ethiopia's prime minister", 2 April 2018.
https://www.aljazeera.com/news/2018/4/2/abiy-ahmed-sworn-in-as-ethiopias-prime-minister

new diplomatic communication and cooperation between the countries[15].

The effort made by the new prime minister in resolving the difficult set of circumstances with the Eritrean neighbor, a situation that had been present for 20 years at the time of the events, earned Abiy Ahmed the 2019 Nobel Peace Prize[16], a testament to his willingness in restoring political relations with bordering States.

Abiy's peaceful intent was also demonstrated by other key actions, such as the release of thousands of political prisoners in his first year in office, as well as the signing of a peace agreement with some Ethiopia opposition groups previously categorized by the government as terrorist organizations[17].

d.   The prelude to unrest: the attempted coups and the cancellation of national elections

Despite the contentment and general appreciation established following Abiy's rise to power, especially due to his attempt to restore peace to the nation, not everyone in Ethiopia was happy with the presidential change and his actions following his nomination as prime minister.

---

[15] Susan Stigant, "Ethiopia-Eritrea peace deal brings hope to the Horn of Africa", United States Institute of Peace, 2 August 2018.
https://www.usip.org/publications/2018/08/ethiopia-eritrea-peace-deal-brings-hope-horn-africa
[16] The Guardian, "Abiy Ahmed, Ethopia's Prime Minister, wins 2019 Nobel Prize", 11 October 2019.
https://www.theguardian.com/world/2019/oct/11/abiy-ahmed-ethiopian-prime-minister-wins-2019-nobel-peace-prize
[17] Hamza Mohamed, "Ethiopia: Ex-political prisoners revel in new-found freedom, Aljazeera, 4 July 2018.
https://www.aljazeera.com/news/2018/7/4/ethiopia-ex-political-prisoners-revel-in-new-found-freedom

Two attempted coups in 2018[18] and 2019[19] led to general alarm and concern on the part of the population, interrupting the hope for peace that was spreading thanks to the actions taken by Abiy at the beginning of his term and giving the impression that Ethiopia was plunging back into a widespread climate of danger and disorder.

In late 2019, ahead of the following year's elections, Abiy Ahmed proposed a single party called the "Prosperity Party" (PP) to replace the EPRDF (Ethiopian People Revolutionary Democratic Front) coalition, which, as we have seen, was officially created in 1991 with the establishment of the Federal Democratic Ethiopian Republic[20].

The EPRDF was initially made up of the Tigray People Liberation Front (TPLF), Oromo Peoples Democratic Organization (OPDO), the Amhara National Democratic Movement (ANDM), and the Southern Ethiopian People's Democratic Movement (SEPDM). Despite the formal division of the core party into these four groups representing Ethiopia's ethnic majorities, it was common knowledge and consensus that the TPLF was the most influential component, and often took political power away from the other ethnic parties.

The move to unite all parties under the PP was intended to be a move to unify political forces to finally create a united Ethiopia without sharp divisions among ethnic

---

[18] Aljazeera, "Ethiopia: Grenade attack caused blast at rally for PM Abiy Ahmed", 23 June 2018.
https://www.aljazeera.com/news/2018/6/23/ethiopia-grenade-attack-caused-blast-at-rally-for-pm-abiy-ahmed
[19] Reuters, "Dozens killed in foiled Ethiopia coup attempt, authorities say", France24, 26 June 2019.
https://www.france24.com/en/20190626-dozens-killed-foiled-ethiopia-coup-attempt-authorities-say-abiy-ahmed-amhara
[20] Kalkidan Yibeltal, "Ethiopia's Abiy Ahmed gets a new ruling party", BBC News, 22 November 2019.
https://www.bbc.com/news/world-africa-50515636

groups. Nevertheless, though welcomed by both the OPDO, the ANDM, and the SEPDM, and generally perceived as a measure instituted for the sole good of the country, the decision to unite the parties was not well received by the Tigrayan People Liberation Front, which promptly declared it illegal and reactionary. The party representing the Tigray ethnic group refused in fact to become part of the new project of Abiy Ahmed's government; in general, criticism of this measure underscored how widespread the impression was that Abiy was attempting to erase the Ethnic Federalism that characterized Ethiopia[21].

The beginning of discontent among some Ethiopian constituents finally exploded when, in August 2020, national elections were canceled due to the advent of the pandemic[22].

e. *The outbreak of war in Tigray in 2020: a humanitarian catastrophe*

The postponement of the elections due to the outbreak of the pandemic was not well received by the Tigray region. Indeed, President Abiy was immediately accused of stalling elections, and general discontent with his decision began to grow in the summer of 2020[23]

---

[21] Awol Allo, "Why Abiy Ahmed's Prosperity Party could be bad news for Ethiopia", Aljazeera, 5 December 2019. https://www.aljazeera.com/opinions/2019/12/5/why-abiy-ahmeds-prosperity-party-could-be-bad-news-for-ethiopia

[22] European Parliament Briefing, "Ethiopia: War in Tigray. Background and state of play", 12 September 2022. https://www.europarl.europa.eu/thinktank/en/document/EPRS_BRI(2022)739244

[23] Martina Schwikowski, "Crisis looms in Ethiopia as elections are postponed", DW, 16 June 2020. https://www.dw.com/en/crisis-looms-in-ethiopia-as-elections-are-postponed/a-53829389

In September 2020, the Tigray region decided to conduct regional elections anyway, challenging the central government; the determination to hold elections in the region was negatively received by Abiy Ahmed, who nevertheless promised not to respond with force even if Tigrayan population went to the polls[24].

In November 2020, the relations between the central government and Tigray degenerated completely: Abiy Ahmed accused the Tigrayan government of attacking a federal military base and then proceeded with an armed operation in the north of the region[25] and cutting off internet and telephone communications.

In this gradually unfolding climate of disaster, two key massacres took shape in November, specifically in the towns of Mai-Kadra and Zalambessa, leading to the death of hundreds of people[26-27].

As a result, the situation in Tigray was becoming more severe, and was watched with increasing fear by international news outlets that helplessly observed the development of the tragic situation. Indeed, the conflict

---

[24] Giulia Paravicini, "Ethiopia's Tigray holds regional election in defiance of federal government", Reuters, 9 September 2020.
https://www.reuters.com/article/idUSKBN2602QT/

[25] Simon Marks, "Ethiopia Declares Emergency After Attack on Federal Military Base", Voanews, 4 November 2020.
https://www.voanews.com/a/africa_ethiopia-declares-emergency-after-attack-federal-military-base/6197965.html

[26] Katharine Houreld, Michael Georgy and Silvia Aloisi, "How ethnic killings exploded from an Ethiopian town", Reuters, 7 June 2021.
https://www.reuters.com/investigates/special-report/ethiopia-conflict-expulsions/

[27] Katharine Houreld, Michael Georgy and Silvia Aloisi, "How ethnic killings exploded from an Ethiopian town", Reuters, 7 June 2021.
https://www.reuters.com/investigates/special-report/ethiopia-conflict-expulsions/

was taking on troubling connotations, so much so that in December 2020 UN officials began to show concern about the treatment of civilians in the Tigray region[28].

Eritrea's increasing presence in the conflict in favor of Ethiopia was also a further element of concern, initially concealed by the government in Addis Ababa, which only admitted Eritrean participation as late as spring of 2021. Also in 2021, the United Nations officially declared the conflict an "ethnic cleansing" against Tigrayans, with the drafting of a joint probe aimed at investigating the humanitarian violations carried out against the population[29].

The conflict then widened in the summer of 2021, when Prime Minister Abiy Ahmed announced his victory in the national parliamentary elections, which were, however, promptly boycotted by the TPLF; following this event, Abiy invited the other Afar and Amhara regions to join in the war against Tigray.

At this point, the struggle between the central government and the region was taking on troubling dimensions, and any attempt at negotiations aimed at establishing peace seemed to fail.

> f. *The Pretoria Agreement and the successive relations between the Tigray region and the Ethiopian central government*

After a war that resulted in the deaths of hundreds of thousands of people and more than two million displaced

---

[28] UN News, "Probe announced into alleged Tigray rights violations: UN rights office", United Nations, 25 March 2021. https://news.un.org/en/story/2021/03/1088272

[29] Global Conflict Tracker, "Conflict in Ethiopia", last updated December 19, 2023. https://www.cfr.org/global-conflict-tracker/conflict/conflict-ethiopia

individuals, as well as the overbearing famine arising due to the devastation of the conflict, on November 2, 2022, the situation finally began to stabilize when the TPLF and the Ethiopian central government signed an agreement in the city of Pretoria, aimed at establishing peace[30]. The agreement provided for a mutual ceasefire, the disarmament of Tigrayan troops and the ceding of control of Tigray to the central government, as well as the restoration of services such as banking, communications, health, electricity, and transportation.

Going into more detail, the Pretoria Agreement included 3 basic pillars that kindled a glimmer of hope after the two years of violence: restoring a constitutional order, access to humanitarian aid, and guaranteeing protection of human rights[31].

Despite the promising beginning of peace, many elements of the agreement remain uncertain or not fully complied with to this day; first of all, the Ethiopian government's promise to maintain the sovereignty and territorial integrity of Tigray, thus prohibiting territorial incursions by other States and regions, was not fulfilled. Eritrean troops, in fact, occupied Tigray territory for a long time even following the signing of the Peace of Pretoria, as troops from the Amhara region are still present on the Tigrayan territory. Both of these armed forces actively participated in the ethnic cleansing of Tigray, contributing to the deaths of thousands of

---

[30] The Pretoria Agreement, 2 November 2022.
https://igad.int/wp-content/uploads/2022/11/Download-the-signed-agreement-here.pdf
[31] Batseba Kassahun, "The Pretoria Peace Agreement brought broken promises and unfulfilled hope to Tigray, LSE, 24 April 2024.
https://blogs.lse.ac.uk/africaatlse/2024/04/24/the-pretoria-peace-agreement-brought-broken-promises-and-unfulfilled-hope-to-tigray/

civilians. The previously mentioned famine problem is also quite impactful for Tigray, with more than 20 million people in need of food assistance as of 2023.

Moreover, the agreement did not completely resolve the tense relations between Tigray and the Ethiopian central government; in fact, the Pretoria Peace still provided for significant concessions owed by the Tigray government, making the end of the battle appear not as a mutual achievement of peace but rather as a victory on the part of the Addis Ababa. The status of the Tigrayan Party Liberation Front also remains a hot-button issue. In the elections of May 2023, the Addis Ababa's Election Board rejected the TPLF's legal registration as a political party, exacerbating tensions and again reducing the Tigrayan party's power and status[32].

III.   The current Ethiopian situation: strained internal relations and tensions with neighboring States

Ethiopia emerged shattered from the internal war with the Tigray region, and troubled relations with neighboring States such as Somalia and Eritrea are also impacting the stability of the Ethiopian foreign policy.

This section is aimed at giving an overview of the current Ethiopian situation, considering the most salient aspects of the internal and external relations of the Horn of Africa State.

a.   *The Fano insurgency in the Amhara region: a new war in Ethiopia*

---

[32] Addis Standard, "News: Election Board declines to restore TPLF's legal registration as a political party", 13 May 2023. https://addisstandard.com/news-election-board-declines-to-restore-tplfs-legal-registration-as-political-party/

In addition to the still unstable relations with Tigray, held together by a rather weak peace agreement, the Ethiopian central government is also facing increasing tensions with the Amhara region, in which, soon after the signing of the Pretoria Peace, a war broke out in 2023[33].

Tensions between Addis Ababa and the Amhara region arose as a result of the conflict with Tigray, in which the former territory played a key role in favor of the central government, fighting in countering the Tigrayan armed forces and suffering several humanitarian violations[34].

During the conflict in Tigray, the Fano group, specifically a militia determined to protect the territorial interests of the Amhara region, began to take more and more territorial power by pitching tents and recruiting new soldiers. The central government, already concerned about the increasing control of the Fano militia, decided to eliminate some advantages given to Amhara during the war in 2022, triggering general dissent and anger[35]. Tensions also accumulated during the Peace of Pretoria's negotiations, in which Amhara's interests were again disregarded.

---

[33] International Crisis Group, "Ethiopia's Ominous New War in Amhara", 16 November 2023.
https://www.crisisgroup.org/africa/horn-africa/ethiopia/b194-ethiopias-ominous-new-war-amhara
[34] Birhanu Bitew, "A Conflict between the Amhara Fano and the government is the latest challenge to Ethiopia", LSE, 23 November 2023.
https://blogs.lse.ac.uk/africaatlse/2023/11/23/a-conflict-between-the-amhara-fano-and-the-government-is-the-latest-challenge-to-ethiopia/
[35] Atrsaw Necho and Yared Debebe, "Understanding the Fano insurgency in Ethiopia's Amhara Region", *Rift Valley Institute briefing paper*, February 2024: 1-2.

Growing discontent on the part of Amhara led in April 2023 to the outbreak of the Amhara War. The Amhara conflict, still ongoing, although not as violent as the Tigray conflict, is nonetheless very significant and seriously threatens the integrity of the Ethiopian Federation.

b.   *Ethiopia – Eritrea: the resumption of tensions*

Adversely affected by the agreements made between Tigray and Ethiopia's central government with the Pretoria Peace was not only the Amhara region. Eritrea, Ethiopia's historic enemy until the 2018 rapprochement that led to Abiy Ahmed winning the Nobel Prize, felt deeply betrayed by the agreement signed to end hostilities with Tigray[36;] the fact that the Tigrayan Party Liberation Front (TPLF) was not eliminated did not in fact please either the Amhara region or the Eritrean government[37].

In addition, Eritrean support for the Fano militia in the Amhara region led Abiy Ahmed to the decision to block Eritrean entry into the Tigrayan territory.

As a result, relations between the two nations are quite tense to date, and further developments related to the conflict in the Amhara region are awaited to fully understand what the course of events will be.

---

[36] Mohamed Kheri Omer, "Are Ethiopia and Eritrea on the Path to War?", Foreign Policy (FP), 7 November 2023. https://foreignpolicy.com/2023/11/07/ethiopia-eritrea-war-tplf/

[37] Michael Woldemariam, "Taking Ethiopia-Eritrea Tensions Seriously", United Nations Institute of Peace, 15 December 2023. https://www.usip.org/publications/2023/12/taking-ethiopia-eritrea-tensions-seriously

c.   The three-way tension: Ethiopia, Somaliland
      and Somalia

Prominent among international tensions is the strong strained relationship that has recently arisen between Ethiopia and Somalia.

As we saw earlier, tensions between Somalia and Ethiopia have existed for several years, culminating in the outbreak of a war between the two nations in 2006. However, diplomatic relations between Addis Ababa and Mogadishu have strengthened in recent years, creating a rather friendly partnership.

The situation took a different turn when, in January 2024, Ethiopia started the new year with a landmark agreement signed with Somaliland[38]. First, the status of Somaliland needs to be clarified; it is an area located in the Horn of Africa as well as an unofficially recognized State. The province seceded from Somalia in 1991, forming the Republic of Somaliland and causing discontent in Somalia itself, which has unsuccessfully attempted reunion with the province self-declared as independent[39].

Ethiopia, which has always been interested in gaining access to the sea for economic and commercial purposes, has therefore entered into a landmark agreement with Somaliland in the new year 2024, to finally gain access to the Red Sea by taking advantage of the unrecognized nation's port. Somaliland, on the other hand, expects that

---

[38] Federico Donelli, "Accordo tra Somaliland ed Etiopia: quali implicazioni?", ISPI Online, 18 April 2024.
https://www.ispionline.it/it/pubblicazione/accordo-tra-somaliland-ed-etiopia-quali-implicazioni-170609
[39] Britannica Encyclopedia, "Somaliland", recently revised and updated by Amy McKenna.
https://www.britannica.com/biography/Luigi-Amedeo-Giuseppe-Maria-Ferdinando-Francesco-duca-dAbruzzi

the central government of Addis Ababa help to achieve its official recognition as an autonomous State. Of course, the agreement triggered major dissent from the Somali government, which perceived Addis Ababa's willingness to negotiate with Somaliland as a recognition of the latter State and as a detriment to the territorial integrity of Somalia itself[40].

Relations between Ethiopia and Somalia began to be more strained during the last months, and were reconfirmed by the recent order coming from Somali President addressed to the Ethiopian ambassador to leave the country immediately in a maximum time frame of 3 days, accusing the Ethiopian government of interfering with Somalia's internal affairs[41].

The situation is still developing, but domestic and international concerns are mainly directed at the already difficult internal situation in the two countries, which, combined with a possible clash, could degenerate the overall picture in the Horn of Africa[42].

d.   Kenya's intervention: an attempt at stability

Kenya, another key State in the Horn of Africa, following the tensions produced by the recent agreement between Somaliland and Ethiopia, promptly decided to

---

[40] Shola Lawal, "Why is Somalia so angry about Ethiopia's new Red Sea port deal?", Aljazeera, 6 January 2024. https://www.aljazeera.com/news/2024/1/6/why-is-somalia-angry-about-neighbouring-ethiopias-new-port-deal
[41] Africanews, "Why has the Somalia-Ethiopia row deepened?", 9 April 2024. https://www.africanews.com/2024/04/09/why-has-the-somalia-ethiopia-row-deepened//
[42] International Crisis Group, "The Stakes in the Ethiopia-Somaliland Deal", 6 March 2024. https://www.crisisgroup.org/africa/horn-africa/ethiopia-somaliland/stakes-ethiopia-somaliland-deal

insert itself into the complex relationship situation between Addis Ababa and Mogadishu to create stability in an attempt to extinguish the gradually building tension in the area[43].

Indeed, in collaboration with Djibouti State and the regional Intergovernmental Authority on Development bloc (a regional trade bloc aimed at promoting economic cooperation among State parties)[44], Kenya has proposed a treaty to foster maritime access to inland countries in the area. This important step taken by the government in Nairobi could help in the resolution of the regional dispute as well as the de-escalation of the tensions created this year.

IV.   Conclusions

The journey through Ethiopia's history was crucial for the article to highlight the nation's current issues as well as the problems that have become entrenched in recent decades.

As we have underlined, Ethiopia has gone through a roller coaster of events from the 1970s onward, which have led it to be an interesting State for journalism and international studies, precisely because of the diverse economic and social evolution it has undergone over the last decades.

Ethiopia was firstly observed by outsiders as a nation at the forefront of the African context, thanks to a strong and growing domestic economy; but from 2014 onward

---

[43] Africanews, "Kenya on Thursday announced a proposal for a regional maritime treaty to defuse tensions between Ethiopia and Somalia", 12 April 2024.
https://www.africanews.com/2024/04/12/kenya-proposes-treaty-to-ease-somalia-ethiopia-tensions//
[44] IGAD Official Site, "About IGAD", accessed 20 May 2024.
https://igad.int/about/

we have witnessed glaring social imbalances within the nation that have led it to be the scene of massacres, wars, and tensions between ethnic groups.

The arrival of Minister Abiy Ahmed brought a breath of initial hope for peace and internal tranquility, which was soon belied by the tragic events that took place in the years that followed. Indeed, the war in Tigray led, as we have pointed out, to an internal destruction of the country that is still suffering from the consequences of the conflict today. Likewise, the present bloodshed in the Amhara region leads to no small internal concern.

In terms of foreign relations, we have also witnessed an alternation between tranquility and tensions, which have tended to flare up rather abruptly and unexpectedly; in this context, we refer to the present Ethiopian-Somali situation, which leads to growing concern on the part of the two nations themselves, but also on the part of neighbors such as Kenya and its diplomatic attempt to salvage a situation that was ready to erupt. Tensions with Eritrea, which, as we have seen, arise as a result of the conflict in the Tigray region, have also led to growing concern about the balance in the Horn of Africa due to the rekindling of discontent between two States that had finally reached a peaceful situation only in 2018 after years of tension.

The internal instabilities currently present in Ethiopia, as well as the difficulty in forging totally peaceful relations with foreign states, lead to not very positive future predictions. Indeed, the state appears to be quite fragmented and affected by very deep wounds in the relations between the central government and Ethiopian regions, leaving room for future possible tensions between existing ethnic groups, as is already happening with the Amhara conflict, lethal both in terms of the violence enacted and the gradual deterioration of relations with Addis Ababa.

From a foreign policy perspective, tensions between Ethiopia and its neighboring states are very likely to continue in the short to medium term, buoyed by Addis Ababa's desire for economic expansion and weakly held in check by a fragile relationship among the Horn of Africa states. Kenya's peacemaking attempt is certainly a positive step toward maintaining stability, but presumably a very weak one and not enough to maintain permanent calm in international relations between Ethiopia and its neighboring states.

Bibliography and Sitography

Yimenu B.G., "The Politics of Ethnonational Accommodation Under a Dominant Party Regime: Ethiopia's Three Decades' Experience", *Journal of Asian and African Studies* Vol 58(8) (2023): 1622-1638.
https://journals.sagepub.com/doi/pdf/10.1177/00219096221097663

Addis Standard, "News: Election Board declines to restore TPLF's legal registration as a political party", 13 May 2023.
https://addisstandard.com/news-election-board-declines-to-restore-tplfs-legal-registration-as-political-party/

Africanews, "Ethiopia – a deadly 2017 saddled with security headache, simmering protests", last updated 9 December 2019.
https://www.africanews.com/2018/01/03/ethiopia-a-deadly-2017-saddled-with-security-headache-simmering-protests//

Africanews, "Kenya on Thursday announced a proposal for a regional maritime treaty to defuse tensions between Ethiopia and Somalia", 12 April 2024.
https://www.africanews.com/2024/04/12/kenya-proposes-treaty-to-ease-somalia-ethiopia-tensions//

Africanews, "Why has the Somalia-Ethiopia row deepened?", 9 April 2024.
https://www.africanews.com/2024/04/09/why-has-the-somalia-ethiopia-row-deepened//

Aljazeera, "Abiy Ahmed sworn in as Ethiopia's prime minister", 2 April 2018.
https://www.aljazeera.com/news/2018/4/2/abiy-ahmed-sworn-in-as-ethiopias-prime-minister

Aljazeera, "Ethiopia: Grenade attack caused blast at rally for PM Abiy Ahmed", 23 June 2018.
https://www.aljazeera.com/news/2018/6/23/ethiopia-grenade-attack-caused-blast-at-rally-for-pm-abiy-ahmed

Anyadike, Obi. "Boom to bust: Fallout of war and drought leaves Ethiopians mired in poverty", The New Humanitarian, 1 August 2023.
https://www.thenewhumanitarian.org/news-feature/2023/08/01/boom-bust-fallout-war-and-drought-leaves-ethiopians-mired-poverty

Allo, Awol. "The Oromo protests have changed Ethiopia", Aljazeera, 21 November 2016.
https://www.aljazeera.com/opinions/2016/11/21/the-oromo-protests-have-changed-ethiopia

Allo, Awol. "Why Abiy Ahmed's Prosperity Party could be bad news for Ethiopia", Aljazeera, 5 December 2019.
https://www.aljazeera.com/opinions/2019/12/5/why-abiy-ahmeds-prosperity-party-could-be-bad-news-for-ethiopia

Batseba Kassahun, "The Pretoria Peace Agreement brought broken promises and unfulfilled hope to Tigray, LSE, 24 April 2024.

https://blogs.lse.ac.uk/africaatlse/2024/04/24/the-pretoria-peace-agreement-brought-broken-promises-and-unfulfilled-hope-to-tigray/

BBC News, "Tigray crisis: Ethiopia orders military response after army base seized", 4 November 2020.
https://www.bbc.com/news/world-africa-54805088

Bitew, Birhanu. "A Conflict between the Amhara Fano and the government is the latest challenge to Ethiopia", LSE, 23 November 2023.
https://blogs.lse.ac.uk/africaatlse/2023/11/23/a-conflict-between-the-amhara-fano-and-the-government-is-the-latest-challenge-to-ethiopia/

ì Britannica Encyclopedia, "Abiy Ahmed", last updated 10 May 2024.
https://www.britannica.com/biography/Abiy-Ahmed

Britannica Encyclopedia, "Eritrean People's Liberation Front", accessed 26 April 2024.
https://www.britannica.com/topic/Eritrean-Peoples-Liberation-Front

Britannica Encyclopedia, "Socialist Ethiopia: (1974-91)", accessed 26 April 2024.
https://www.britannica.com/place/Ethiopia/Socialist-Ethiopia-1974-91

Britannica Encyclopedia, "Somaliland", recently revised and updated by Amy McKenna.
https://www.britannica.com/place/Somaliland

Cavallaro, Marta. "Somalia, la guerra infinita", Atlante Guerre, 14 November 2022.

https://www.atlanteguerre.it/somalia-la-guerra-infinita/#

Civins B., "Ethiopia's intervention in Somalia", *University of Texas – Yonsei Journal of International Studies*, 2010: 137-154. https://yonseijournal.wordpress.com/wp-content/uploads/2012/08/ethiopia.pdf

Donelli, Federico. "Accordo tra Somaliland ed Etiopia: quali implicazioni?", ISPI Online, 18 April 2024. https://www.ispionline.it/it/pubblicazione/accordo-tra-somaliland-ed-etiopia-quali-implicazioni-170609

European Parliament Briefing, "Ethiopia: War in Tigray. Background and state of play", 12 September 2022. https://www.europarl.europa.eu/thinktank/en/document/EPRS_BRI(2022)739244

Gebeye B.A., "The Four Faces of Ethiopian Federalism", *Harvard Law School | Human Rights Program*, 12 Aprile 2023: ''. 157-190. https://hrp.law.harvard.edu/wp-content/uploads/2023/02/pp.-157-190.pdf

Global Conflict Tracker, "Conflict in Ethiopia", last updated December 19, 2023. https://www.cfr.org/global-conflict-tracker/conflict/conflict-ethiopia

Houreld, Katharine. "How ethnic killings exploded from an Ethiopian town", Reuters, 7 June 2021.

https://www.reuters.com/investigates/special-report/ethiopia-conflict-expulsions/

IGAD Official Site, "About IGAD", accessed 20 May 2024.
https://igad.int/about/

International Crisis Group, "Ethiopia's Ominous New War in Amhara", 16 November 2023.
https://www.crisisgroup.org/africa/horn-africa/ethiopia/b194-ethiopias-ominous-new-war-amhara

International Crisis Group, "The Stakes in the Ethiopia-Somaliland Deal", 6 March 2024.
https://www.crisisgroup.org/africa/horn-africa/ethiopia-somaliland/stakes-ethiopia-somaliland-deal

Joreiman S., "Ethiopia and Eritrea: Border War", *University of Richmond – Political Science Faculty Publications*, 2000.
https://core.ac.uk/download/pdf/232767004.pdf

Lambruschi, Paolo. "Etiopia. Le vittime invisibili della guerra sporca parlano dal Tigrai", Avvenire, 6 March 2021.
https://www.avvenire.it/mondo/pagine/le-vittime-invisibili-della-guerra-sporca-parlano-dal-tigrai

Lawal, Shola. "Why is Somalia so angry about Ethiopia's new Red Sea port deal?", Aljazeera, 6 January 2024.

https://www.aljazeera.com/news/2024/1/6/why-is-somalia-angry-about-neighbouring-ethiopias-new-port-deal

Mebratu, Kelecha. "Protest, Repression and Revolution in Ethiopia", Review of African Political Economy, 24 January 2019. https://roape.net/2019/01/24/protest-repression-and-revolution-in-ethiopia/

Mills, Greg. "Ethiopia's Hailemariam Desalegn: Growth has to be started to be sustainable", Daily Maverick, 7 June 2016. https://www.dailymaverick.co.za/article/2016-06-07-ethiopias-hailemariam-desalegn-growth-has-to-be-shared-to-be-sustainable/

Marks, Simon. "Ethiopia Declares Emergency After Attack on Federal Military Base", Voanews, 4 November 2020. https://www.voanews.com/a/africa_ethiopia-declares-emergency-after-attack-federal-military-base/6197965.html

Mohamed, Ahmed. "Tensions Escalate Between Somalia, Ethiopia Over AU Summit Incident", 19 February 2024. https://www.voanews.com/a/tensions-escalate-between-somalia-ethiopian-over-au-summit-incident-/7494152.html

Mohamed, Hamza. "Ethiopia: Ex-political prisoners revel in new-found freedom, Aljazeera, 4 July 2018. https://www.aljazeera.com/news/2018/7/4/ethiopia-ex-political-prisoners-revel-in-new-found-freedom

Necho, A. and Debebe, Y., "Understanding the Fano insurgency in Ethiopia's Amhara Region", *Rift Valley Institute Briefing Paper*, February 2024: 1-2. https://riftvalley.net/wp-content/uploads/2024/02/Understanding-the-Fano-Insurgency_final.pdf

Omer, Mohamed Kheri. "Are Ethiopia and Eritrea on the Path to War?", Foreign Policy (FP), 7 November 2023. https://foreignpolicy.com/2023/11/07/ethiopia-eritrea-war-tplf/

Schemm, Paul. "Ethiopia's prime minister resigns amid political turmoil", Washington Post, 15 February 2018. https://www.washingtonpost.com/world/africa/ethiopias-prime-minister-resigns-amid-political-turmoil/2018/02/15/ad3fc10a-1246-11e8-9570-29c9830535e5_story.html

Stigant, Susan. "Ethiopia-Eritrea peace deal brings hope to the Horn of Africa", United States Institute of Peace, 2 August 2018. https://www.usip.org/publications/2018/08/ethiopia-eritrea-peace-deal-brings-hope-horn-africa

Teshome C., "Analysis of politics in the land tenure system: Experience of successive Ethiopian regimes since 1930", *African Journal of Political Sciences and International Relations Vol* 10(8) (July 2016): 114-115. https://academicjournals.org/journal/AJPSIR/article-full-text-pdf/33FDAF560466.pdf

The Guardian, "Abiy Ahmed, Ethopia's Prime Minister, wins 2019 Nobel Prize", 11 October 2019. https://www.theguardian.com/world/2019/oct/11/abiy-ahmed-ethiopian-prime-minister-wins-2019-nobel-peace-prize

Paravicini, Giulia. "Ethiopia's Tigray holds regional election in defiance of federal government", 9 September 2020. https://www.reuters.com/article/idUSKBN2602QT/

Reuters, "Dozens killed in foiled Ethiopia coup attempt, authorities say", 26 June 2019. https://www.france24.com/en/20190626-dozens-killed-foiled-ethiopia-coup-attempt-authorities-say-abiy-ahmed-amhara

Schwikowski, Marta. "Crisis looms in Ethiopia as elections are postponed", 16 June 2020. https://www.dw.com/en/crisis-looms-in-ethiopia-as-elections-are-postponed/a-53829389

UN News, "Probe announced into alleged Tigray rights violations: UN rights office", United Nations, 25 March 2021. https://news.un.org/en/story/2021/03/1088272

Michael Woldemariam, "Taking Ethiopia-Eritrea Tensions Seriously", United Nations Institute of Peace, 15 December 2023. https://www.usip.org/publications/2023/12/taking-ethiopia-eritrea-tensions-seriously

Yibeltal, Kalkidan. "Ethiopia's Abiy Ahmed gets a new ruling party", 22 November 2019. https://www.bbc.com/news/world-africa-50515636

Yimenu B.G., "The Politics of Ethnonational Accommodation Under a Dominant Party Regime: Ethiopia's Three Decades' Experience", *Journal of Asian and African Studies* Vol 58(8) (2023): 1622-1638. https://journals.sagepub.com/doi/pdf/10.1177/00219 096221097663

Biography

Alice Rambaldi was born in Ferrara in 1997.
She obtained a master's degree in International Relations at the Catholic University of the Sacred Heart in Milan in 2023, concluding with a dissertation entitled: "The fight against human trafficking under international law and the European Union. The Sahel case study."
During her studies, Alice had the opportunity to do a selective curricular internship at the NATO military command in Solbiate Olona, in which she honed her writing and research skills. Alice also had the opportunity to join a Milan-based consulting firm in which she worked supporting the company's clients in European Commission-funded projects, with writing and research activities.
Since March 2024, Alice has been part of Mondo Internazionale as a Junior Researcher in the policy section of the GEO area.

L'intervento europeo nel Sahel: prossimi passi nella riarticolazione

Jaohara Hatabi – Senior Researcher, Mondo Internazionale G.E.O. Politica

Abstract

La situazione di sicurezza del Sahel è in continuo deterioramento da almeno un decennio, in seguito alla crisi multidimensionale innescatasi nel contesto maliano. Gli stati arbitrariamente considerati parte del Sahel sono definiti come "stati fragili", caratterizzati da deboli strutture statali che non sono in grado di fronteggiare le fonti di instabilità, esacerbate da fattori quali povertà estrema, scarsità di risorse ed eventi climatici estremi dovuti al cambiamento climatico. Data la portata transnazionale delle minacce alla sicurezza aventi origine nel Sahel, sono diversi gli attori internazionali coinvolti nelle operazioni e nelle attività volte a stabilizzare l'area, tra questi si individuano: la North Atlantic Treaty Organization (NATO), l'Unione Europea (UE) – con un ruolo di particolare rilievo della Francia – gli Stati Uniti, la Cina, la Russia, la Turchia, e gli stati arabi del Golfo Persico. Sebbene l'impiego di tempo e risorse da parte di questi attori sia stato ingente, la regione continua a rappresentare uno degli scenari più complessi in cui operare. Dieci anni dopo lo scoppio della crisi, l'annuncio del cambio di approccio francese e la conseguente interruzione dei rapporti con alcuni paesi saheliani non hanno fatto altro che mutare ulteriormente i già fragili equilibri preesistenti.

The security situation in the Sahel has been continuously deteriorating for at least a decade, following the multidimensional crisis triggered in the Malian context.

States arbitrarily considered part of the Sahel are defined as "fragile states," characterized by weak state structures that are unable to address sources of instability, exacerbated by factors such as extreme poverty, resource scarcity, and extreme weather events due to climate change. Given the transnational scope of security threats originating in the Sahel, several international actors are involved in operations and activities aimed at stabilizing the area. These include the North Atlantic Treaty Organization (NATO), the European Union (EU) – with a particularly prominent role for France – the United States, China, Russia, Turkey, and the Arab states of the Persian Gulf. Despite significant time and resource investment by these actors, the region remains one of the most complex scenarios in which to operate. Ten years after the outbreak of the crisis, the announcement of a change in French approach and the subsequent rupture of relations with some Sahelian countries have further altered the already fragile pre-existing balances.

Parole chiave: Sahel; terrorismo; jihadismo; Unione Europea;
Keywords: Sahek; terrorism; jihadism; European Union

I. Introduzione

Il continente africano è frequentemente oggetto di studio a causa dell'instabilità che caratterizza molti dei suoi paesi: conflitti etnici e religiosi, proliferazione di gruppi terroristici, debolezza delle istituzioni e corruzione statale, sottosviluppo, cambiamenti climatici e altre sfide sono alcune delle minacce che affrontano le società africane da decenni.
Tra le regioni cronicamente instabili del continente si può trovare il Sahel, una regione geografica che si

estende attraverso l'Africa sub-sahariana, la cui analisi, per lo scopo di questo elaborato, verrà ristretta ai paesi appartenenti al G5 Sahel: Burkina Faso, Ciad, Mali, Mauritania e Niger. Si può affermare che il Sahel rappresenti un'area di crescente interesse strategico a livello internazionale per diversi motivi. Tra questi si possono trovare: la proliferazione di gruppi terroristici appartenenti a network jihadisti diffusi su scala mondiale, la presenza di attori statali stranieri, ma anche di attori non-statali o parastatali – come compagnie militare private – che ripropongono sotto una luce diversa il classico confronto tra Occidente e Federazione Russa.

In seguito al crollo del regime libico di Muammar al-Qaddafi e la crisi maliana del 2012, il Sahel è stato ulteriormente indebolito a causa dell'esposizione a minacce di natura ibrida e transnazionale. Da "oggetto" interessato da una pletora di minacce, la regione saheliana si è trasformata, negli anni, in un "soggetto" di minaccia tanto per i paesi confinanti quanto per gli attori occidentali, in particolare per l'Unione Europea.

Come conseguenza dell'inasprimento della crisi maliana e dei suoi effetti *spillover*, il Sahel è diventato un terreno fertile per le ambizioni ad ampio raggio della politica europea ed internazionale, un terreno dove coordinare gli sforzi e le strategie per migliorare le prospettive di securitizzazione dell'area.

L'emergere del Sahel come epicentro della *War on Terror* ha catalizzato, negli ultimi anni, una significativa concentrazione di risorse umane e materiali, con un particolare focus su aree critiche come il Mali e il Burkina Faso. Sebbene minacce concrete o percepite, come la migrazione illegale e il terrorismo di matrice jihadista, possano contribuire a spiegare parte dell'impegno occidentale, un risvolto meno esplorato si concentra sulle dinamiche politiche intraeuropee, le quali hanno guidato e sostenuto l'intervento militare nella regione. Tra gli attori occidentali che si affermano con maggiore incisività spiccano l'Unione Europea, la Francia – sia nella sua veste di attore individuale che all'interno delle più ampie coalizioni sotto l'egida dell'Unione Europea – le missioni di stabilizzazione e peacekeeping guidate dalle Nazioni Unite, come MINUSMA, e gli Stati Uniti, che rappresentano un partner strategico fondamentale nella regione.

II.   Il Sahel attraverso la lente della difesa europea: le missioni UE

Dagli inizi degli anni '10 fino all'invasione russa dell'Ucraina nel febbraio del 2022, il Sahel è stato indiscutibilmente il focus della politica di difesa e di sicurezza dell'UE. Tra le ragioni in capo alla centralità ricoperta dal Sahel nell'agenda politica dell'UE, la principale è sicuramente la crisi migratoria verificatasi tra il 2014 e il 2016. In seguito all'intervento francese in Mali ad inizio 2013 attraverso l'Operazione Serval (a cui verrà dedicato il sottoparagrafo seguente), le istituzioni europee hanno mobilitato delle risorse importanti in termini di assistenza politica, militare e umanitaria, volte a sostenere gli sforzi contro la violenza e i conflitti che hanno avuto origine in Mali e che si sono diffusi successivamente negli stati confinanti. Si fa riferimento, in particolare, al quarto summit UE-Africa dell'aprile 2014, durante il quale venne definito un piano di azione triennale per il contrasto ai traffici di esseri umani, alla migrazione irregolare, e per la promozione di canali di migrazione legale e per una maggiore protezione internazionale per i rifugiati e i richiedenti asilo[1]. L'impegno UE venne espletato su due livelli: a livello regionale il focus venne posto sul rilancio del processo di Rabat – un forum di dialogo per il coordinamento e la consultazione tra stati di origine, di transito e di destinazione dei flussi migratori in Europa e Africa centro-occidentale – mentre a livello sub-regionale venne adottato un Piano di Azione per il Sahel (2015-2020) come framework dentro il quale va collocata l'implementazione della "Strategia per la Sicurezza e lo Sviluppo nel Sahel" sviluppata dal Consiglio dell'Unione Europea nel 2011 in risposta proprio al deterioramento della situazione di sicurezza già menzionato in precedenza[2].

Gli impegni assunti dai Paesi UE rendono molto bene l'idea di come l'attenzione rivolta a migrazioni e mobilità costituì inizialmente una dimensione primaria di intervento, tuttavia, va sottolineato come il coinvolgimento europeo subì un mutamento importante, che portò sempre di più all'adozione di un approccio integrato rispetto alle questioni di gestione delle migrazioni in Sahel, che rivelano una generale

---

[1] EU-Africa Declaration on Migration and Mobility, 2014. Consultato in data 1/10/2023 al link: https://www.europarl.europa.eu/cmsdata/122476/Declaration%20migration%20mobility%204th%20EU-Africa%20summit.pdf

[2] E. L. LOPEZ, *Performing EU agency by experimenting the "Comprehensive Approach": the European Union Sahel Strategy*, in «Journal of Contemporary African Studies», Vol. 35, No. 4, 2017, pp. 451-468. Consultato in data 1/10/2023 al link: https://www.tandfonline.com/doi/epdf/10.1080/02589001.2017.1338831?needAccess=true

prevalenza della dimensione securitaria[3].

Nell'ambito dell'appena menzionata strategia, cui si farà riferimento d'ora in poi come "Strategia per il Sahel", le missioni antiterrorismo costituiscono un'importante parte delle attività di iniziativa europea rivolte all'accrescimento della stabilità regionale; in particolare, all'interno della Politica comune di difesa e sicurezza (CSDP), tre missioni sono state create per rafforzare il controllo governativo di Mali e Niger sui rispettivi territori. In questo contesto si inserisce la prima missione lanciata nell'estate del 2012, la EUCAP Sahel Niger, destinata ad affiancare Niamey nella lotta al terrorismo e al crimine organizzato attraverso l'addestramento, la formazione, la consulenza strategica e gli equipaggiamenti per le forze nigerine[4].

Seguì nel 2013 la missione militare non esecutiva in Mali, la European Training Mission (EUTM), volta all'addestramento delle forze armate maliane sia in termini di comando e controllo, logistica e rispetto del diritto umanitario, sia nell'addestramento di unità operative e nel supporto nei processi di disarmo, smobilitazione e reintegro dei combattenti[5]. A queste fece seguito nel 2015 la missione civile EU Capacity Building Mission (EUCAP) Sahel Mali, il cui scopo fu

---

[3] M. BØÅS, *EU Migration Management in Africa. The Case of Agadez in Niger*, ISS Africa Report n.20, 2019.

[4] European Union External Action, *The EUCAP Sahel Niger Civilian Mission*, 2016. Consultato in data 1/10/2023 al link: https://eeas.europa.eu/archives/csdp/missions-and-operations/eucap-sahel-niger/pdf/20160719-factsheet-eucap-sahel-niger_1_en.pdf

[5] D.M. TULL, *The European Union Training Mission and The Struggle For A New Model Army In Mali*, Institut de Recherche Stratégique de l'École Militaire, 2020. Consultato in data 1/10/2023 al link: https://www.irsem.fr/data/files/irsem/documents/document/file/3233/RP_IRSEM_89.pdf

quello di dare un contributo per la stabilità e le riforme istituzionali volte alla piena restaurazione dell'autorità statale in Mali, attraverso consiglio strategico e addestramento della Polizia, Gendarmeria e Guardia Nazionale maliane[6].

Tabella 1- Cooperazione UE all'interno del framwork CSDP[7]

Missione	Durata	Obiettivo	Contribuenti	Indice coinvolgimento
EUCAP Sahel Niger	2012 2018	Controllo frontiere	Bulgaria; Danimarca; Francia; Germania; Italia; Lituania; Romania; Spagna; Svezia; Regno Unito.	Medio (2)
EUTM Mali	2013 2018	Sicurezza	Austria; Belgio; Repubblica Ceca; Finlandia; Francia; Ungheria; Irlanda; Italia; Lettonia; Lituania; Lussemburgo; Polonia; Portogallo; Romania; Slovenia; Spagna; Svezia; Regno Unito.	Medio (2)
EUCAP	2014	Addestramento	Bulgaria;	Medio (2)

---

[6] EUCAP Sahel Mali – About us, 15 Settembre 2021. Consultato in data 1/10/2023 al link: https://www.eeas.europa.eu/eucap-sahel-mali/about-eucap-sahel-mali_en?s=331

[7] Tabella adattata dall'autrice tratta dal paper: S. D'AMATO, *Patchwork of Counterterrorism: Analyzing European Types of Cooperation in Sahel*, in «International Studies Review» 23, 2021, pp. 1518-1540. Consultato in data 1/10/2023 al link: https://academic.oup.com/isr/article/23/4/1518/6295091

| Sahel Mali | 2019 | | Finlandia; Francia; Germania; Italia; Lussemburgo; Paesi Bassi; Romania; Spagna; Svezia; Regno Unito. | |

Come affermato da Lopez[8], il Sahel è un perfetto laboratorio per molti attori europei che hanno interesse nell'affrontare la lotta al terrorismo per arrivare a dei cambiamenti in ambito politico, sociale ed economico. In questo senso, molto complesso è il quadro della cooperazione multilivello e multi-attore; secondo la letteratura esistente, infatti, è presente un intreccio di alleanze politiche, assistenza militare bilaterale e "minilaterale", nonché relazioni economiche tra attori europei attivi nell'area saheliana. I livelli di governance entro cui certe forze operano vanno dal sovranazionale al transnazionale, passando per il livello nazionale e subnazionale, come indicato nel dettaglio nella tabella 1.

La maggioranza di attori coinvolti sono pubblici, infatti rappresentano l'84,09% delle relazioni, contro il 15,91% del settore privato[9]. Tra gli intermediari principali si trova l'UE insieme alla Francia, in particolare attraverso i due cluster operativi precedentemente menzionati della CSDP e del Servizio Europeo per l'Azione Esterna (EEAS).

Le restanti iniziative hanno origine da singoli Stati o attori subnazionali, che spesso godono di finanziamenti

---

[8] E. L. LOPEZ, *Performing EU agency by experimenting the "Comprehensive Approach": the European Union Sahel Strategy*, cit.

[9] D'AMATO, *Patchwork of Counterterrorism: Analyzing European Types of Cooperation in Sahel*, cit., p. 1527.

delle istituzioni UE, in particolare dal Direttorato Generale per la Cooperazione e lo Sviluppo Internazionale (DG DEVCO). Secondo i dati raccolti dall'EU Global Engagement nel 2019[10], i singoli Stati sono coinvolti in maniera molto differente tra loro: la Francia risulta essere l'attore principale con il maggior impegno in tutte e tre le missioni menzionate sopra (per un totale di 238 unità di personale), seguita da Spagna (65 unità), Regno Unito (42 unità), Svezia (17 unità) e Italia (17 unità).

Un altro dato importante riguarda il coinvolgimento che va dal multilaterale al subnazionale, nonché dal pubblico al privato, come evidenziato nella tabella 2.

[10] EU's Global Engagement: A Databse of the EU Common Security and Defence Policy Military Operations and Civilian Missions Worldwide. Consultato il data 1/10/2023 al link: https://globalgovernanceprogramme.eui.eu/research-project/eu-global-engagement-database/

Tabella SEQ Tabella * ARABIC 2 - Tipi di attori coinvolti nelle iniziative antiterrorismo nel Sahel

Actor category	Actor name	Total
Supranational	DEVCO; EEAS; EUROPOL	3
National (governmental)	Austria; Belgium; Bulgaria; Czech Republic; Denmark; Estonia; Finland; France; Germany; Hungary; Ireland; Italy; Latvia; Lithuania; Luxemburg; Norway; Poland; Portugal; Romania; Slovenia; Spain; Sweden; The Netherlands; United Kingdom	27
Subnational	Civipol; FIIAPP; Guardia Civil; Carabinieri; Promediation; Agence Nationale du Development; Moore Stephens LLP; Ernst & Young Bedrijfsrevisoren Cvba; Promediation; Deloitte Bedrijfsrevisoren; Enabel; Gendarmerie Nationale; Guarda Nacional Republicana	16
Transnational	EUROGENDFOR	1
Total		47

Il ruolo delle agenzie di sicurezza subnazionali è particolarmente rilevante nella cooperazione in materia procedurale, per arrivare ad un approccio europeo integrato della lotta al terrorismo. Ad esempio, all'interno della missione EUCAP Sahel Mali, la EUROGENDFOR si occupa di fornire cooperazione operativa alle forze locali attraverso diverse forze della Gendarmeria europea, come i Carabinieri italiani, la Guardia Civil spagnola, e la Gendarmerie Nationale francese[11].

Gli stessi corpi subnazionali sono coinvolti in vari programmi minilaterali come il Groupe d'Action Rapides-Surveillance et Intervention au Sahel (GAR-SI Sahel), e che collaborano con altri attori pubblici o semiprivati subnazionali come Civipol (creata come agenzia di consulenza per il Ministero dell'Interno francese, è una compagnia semiprivata con il 40% di quote del governo francese), e l'Organe de Coordination pour l'Analyse de la Menace (OCAM) belga attraverso l'iniziativa Counter-terrorism Monitoring, Reporting and Support Mechanism (CT-MORSE).

Scendendo nel particolare, l'iniziativa GAR-SI Sahel[12] lanciata nel 2016 è un esempio di cooperazione gestita a livello subnazionale ma realizzata in ambito UE: essa è guidata dalla Fundación Internacional y para

---

[11] Vedasi: EUROGENDFOR al link: https://eurogendfor.org

[12] European Commission, Annexe IV a` l'Accord Instituant le Fonds Fiduciaire, *European Union Emergency Trust Fund for Stability and Addressing Root Causes of Irregular Migration and Displaced Persons in Africa*, et ses reg`les internes. Document d'action du Fonds Fiduciaire de l'UE a`utiliser pour les dec´isions du comite´de gestion. Consultato in data 1/10/2023 al link: https://ec.europa.eu/europeaid/node/108624_en.

Iberoamérica de Administración y Políticas Públicas (FIIAP) spagnola, ma riunisce multi-forze europee, come la Guardia Civil, la Gendarmerie National, l'Arma dei Carabinieri e la Guardia Nacional Republicana. I contributi sono di 100 unità per paese, aventi una duplice funzione: preventiva, che consiste in funzioni di polizia, dispiegamento delle forze al confine e operazioni di ricerca; e reattiva, utile a fornire supporto alle forze locali in caso di incidenti. Lo scopo è quello di aiutare le forze locali a rafforzare le capacità di pattugliamento nelle aree rurali dove le istituzioni sono spesso assenti, lasciando terreno fertile a organizzazioni terroristiche e criminali.

Il progetto CT-MORSE è finanziato dall'UE sotto l'Instrument contributing to Stability and Peace (IcSP), fornisce coordinamento e monitoraggio, nonché interventi di supporto tecnico e attuativo nei settori dell'antiterrorismo (CT) e della prevenzione e contrasto, mettendo a disposizione un pool di esperti, pubblicazioni tematiche, organizzazione di eventi e iniziative di capacity building attraverso monitoraggio e valutazione di esercitazioni[13].

Proseguendo l'analisi, risulta che altri attori privati sono coinvolti in una varietà di pratiche, essi vanno dalle organizzazioni non governative (Promediation ed Enabel), al controllo finanziario delle missioni antiterrorismo (Moore, Ernst & Young e Deloitte). Tuttavia, si sottolinea che non sono presenti attori europei privati con mandati tattico-operativi sul campo, al contrario dell'azione di compagnie militari private russe che verrà analizzata nel prossimo capitolo.

---

[13] Vedasi CT-MORSE Counter-terrorism Monitoring, Reporting and Support Mechanism al link: https://ct-morse.eu

Il coinvolgimento europeo viene espletato anche attraverso l'Europol, che ha creato uffici di collegamento nelle missioni CSDP, e coordina il Joint Investigative Team (JIT) finanziato dal Fondo fiduciario di emergenza dell'UE per l'Africa, che coinvolge le forze spagnole e francesi schierate in Niger[14].

Nel complesso il quadro delineato fa emergere un tipo di coinvolgimento europeo che lega strettamente lo sviluppo socio-economico alla sicurezza derivante dall'azione anti-terrorismo. L'idea di base è infatti quella secondo cui la stabilità e la sicurezza sono condizioni necessarie per lo sviluppo economico, confermando il nesso sicurezza-sviluppo come pilastro della politica estera europea[15].

L'analisi dell'intervento europeo sotto forma di "patchwork" piuttosto che con la tradizionale dicotomia tra studi sull'UE e su casi di studio nazionali, si presta maggiormente poiché prende in considerazione diversi tipi di cooperazione afferenti a diversi livelli di governance. La presenza di una minaccia terroristica di natura transnazionale, insieme alla crisi migratoria, ha fatto confluire una maggiore attenzione verso la necessità di un approccio disaggregato alla cooperazione. A questo proposito, si conferma fondamentale la partecipazione di forze dell'ordine con status militare, come le forze di gendarmeria, rafforzando il crescente ruolo del *transnational*

---

[14] S. D'AMATO, *Patchwork of Counterterrorism: Analyzing European Types of Cooperation in Sahel*, cit., p. 1529.
[15] M. FURNESS, E. GÄNZLE, *The Security-Development Nexus in European Union Foreign Relations After Lisbon: Policy Coherence at Last?*, in «Development Policy Review», Vol. 25, n. 4, 2017, pp. 475-492.

policing nella lotta al terrorismo[16].

III.   Il prisma francese tra aspirazioni di
grandeur e complessità regionale

La Francia rappresenta il centro gravitazionale della cooperazione e dell'intervento militare nel Sahel. Intorno ad essa, infatti, ruota un sistema di relazioni tra potenze alleate interessate alla stabilizzazione dell'area in ottica strategica.

L'intervento francese ebbe inizio nel 2013, quando François Hollande optò per un approccio *boots on the ground*, dispiegando le truppe dell'Operazione Serval, in risposta alla richiesta di assistenza del governo maliano nel combattere la presenza di gruppi terroristici nel nord del paese. Le ragioni che incidono sull'intervento francese in generale sono di molteplice natura. Anzitutto, è necessario sottolineare che le motivazioni umanitarie date dall'urgenza della crisi migratoria non sono sufficienti ad esaurire la complessità degli obiettivi politici e strategici alla base dei processi decisionali francesi[17]. Inoltre, molti sono gli studiosi che ritengono la dimensione economica parte fondamentale della base decisionale. Tuttavia, il caso saheliano presenta delle peculiarità che non possono essere liquidate con il solo interesse all'approvvigionamento francese di risorse naturali di cui il Mali è ricco; piuttosto, è necessario prendere in considerazione un quadro più ampio[18].

---

[16] C. HILLEBRAND, *Counter-Terrorism Network in the European Union; Maintaining Democratic Legitimacy after 9/11*, Oxford, Oxford University Press, 2012.

[17] C. CASOLA, *Sahel. Conflitti, migrazioni e instabilità a sud del Sahara*, Bologna, Il Mulino, 2002, p. 144.

[18] N.K. POWELLM, *Battling Instability? The Recurring Logic of French Military Interventions in Africa*, in «African Security», Vol. 10, No. 1, 2017, pp. 47-72. Consultato in data

Una lettura geoeconomica evidenzia una dinamica di concorrenza per l'accesso al mercato in cui il primato francese è messo in discussione dalla presenza di nuovi attori che offrono vantaggi in termini di flussi di investimento o di non-ingerenza negli affari interni[19]. Il settore in cui permane l'esclusiva francese è l'intervento militare, prontamente sfruttato non appena l'estremismo violento è diventato talmente intenso da far arrivare il senso di insicurezza fino alla frontiera europea. Infatti, la presenza di gruppi armati jihadisti e la prospettiva della formazione di uno stato islamico così vicino al confine meridionale dell'Europa (sull'onda degli eventi che hanno portato alla creazione dello Stato Islamico dell'Iraq e della Siria nel 2014) hanno rafforzato le preoccupazioni dei governi dell'UE, contribuendo così a rinsaldare la centralità francese nella regione[20]. In ultimo, tra le ragioni dell'intervento in Mali è presente la necessità di preservare un certo prestigio internazionale attraverso la proiezione del proprio esercito. Infatti, l'interventismo politico e militare in Africa è alla base della narrazione della *grandeur* francese, elemento tuttora strutturale della politica estera parigina, attraverso la quale risuonano ancora le parole del ministro degli Esteri dal 1976 al 1978 Louis de Guiringaud, secondo cui "L'Africa è l'unico continente in cui la Francia, con cinquecento uomini, può cambiare il corso della storia."

1/10/2023 al link: https://www.jstor.org/stable/48598931?seq=1
[19] P. RIEKER, *French Foreign Policy in a Changing World. Practising Grandeur*, Palgrave Macmillan, 2017.
[20] I. BERGAMASCHI, *French Military Intervention in Mali: Inevitable, Consensual Yet Insufficient*, in «Stability: International Journal of Security and Development», Vol. 2, No. 2, Art. 20. Consultato in data 1/10/2023 al link: https://stabilityjournal.org/articles/10.5334/sta.bb

Dopo aver compreso le motivazioni dietro il coinvolgimento francese nel Sahel, si può spostare il focus sugli aspetti tecnici dell'Operazione Serval e sulla sua evoluzione. La prima fase si concluse con un successo militare e politico che arrestò l'avanzata jihadista nel nord del paese a favore di un maggiore controllo statale sul territorio. Nonostante ciò, la fase seguente dovette rispondere alla necessità di riorganizzazione data dalla trasformazione del conflitto in una guerra asimmetrica. In questo contesto l'Operazione Serval venne assimilata all'Operazione Barkhane che estese il proprio operato tra Burkina Faso, Ciad, Mali, Mauritania e Niger con un contingente iniziale di 3.500 uomini. La struttura organizzativa poggiava su un sistema di base temporanee e permanenti a Gao, Niamey e N'Djamena, utili al controllo delle frontiere e degli snodi logistici regionali, oltre al contenimento della mobilità dei gruppi armati presenti nell'area e al rafforzamento delle capacità militari dei partner saheliani, propedeutico ad un futuro passaggio del testimone[21]

Figura SEQ Figura * ARABIC 8 – Basi militari dell'Operazione Barkhane nel Sahel (Fonte: ISPI)

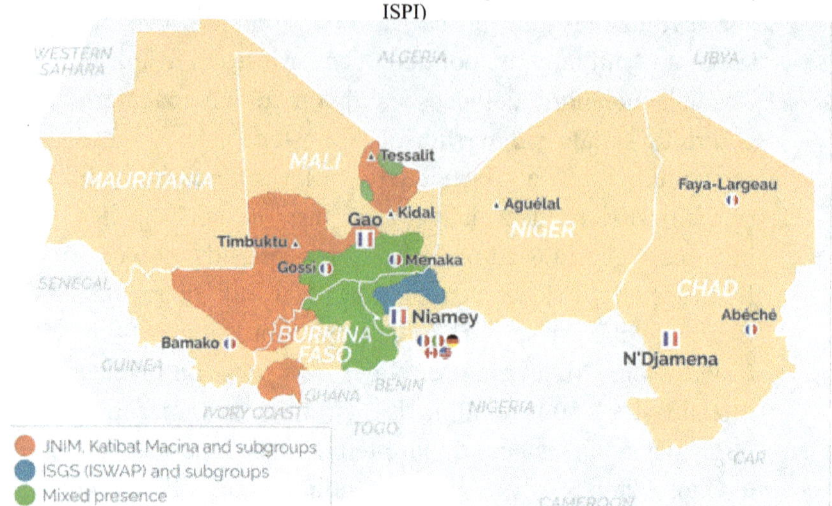

Dall'agosto 2014 al 2022 l'Operazione Barkhane venne ampliata in risposta all'incremento di violenza politica all'interno dei paesi del G5 Sahel, arrivando ad un totale di 5.100 effettivi, e all'apertura di nuove basi temporanee, come quella di Gossi, nell'area diventata il vero epicentro degli scontri: il Liptako-Gourma.

Nonostante i successi tattici, il bilancio dell'operazione può considerarsi pressoché fallimentare nella protezione della popolazione locale, che provava un crescente risentimento nei confronti di Barkhane. Tra le radici del

---

[21] M. SHURKIN, *France's War in Mali: Lessons for an Expeditionary Army*, Santa Monica, RAND Corporation, 2014.

dissenso popolare verso la presenza francese si può trovare una forte disinformazione (verosimilmente derivante da potenze ostili alla Francia) che rimprovera alle forze francesi la mancanza di tutela dei civili, o addirittura la complicità con i gruppi armati jihadisti per interessi economici o di sostegno ai progetti politici di secessione dell'Azawad[22]. A causa di questa perdita di legittimità agli occhi della popolazione locale, lo spazio di manovra di Barkhane e dell'intervento francese in generale diminuì drasticamente, lasciando spazio a nuovi attori.

In questo contesto è fondamentale ricordare il vertice di Pau del 2020, convocato dal presidente Emmanuel Macron, che vide la partecipazione dei leader del G5 Sahel, per discutere e reindirizzare la missione con lo scopo di contrastare le spinte antifrancesi e rinnovare l'impegno congiunto nella lotta al terrorismo. Nonostante i buoni propositi, il vertice mise in risalto le sempre maggiori divergenze tra i paesi saheliani e il governo francese. Inoltre, è utile sottolineare come il vertice abbia fatto seguito all'anno peggiore in termini di vittime tra le forze francesi: nel 2019 furono registrati 17 decessi, di cui 13 avvenuti durante lo scontro tra due elicotteri impegnati in operazioni di supporto nel centro del Mali[23]. Queste circostanze non fecero altro che aggravare i crescenti costi politici della missione, già difficilmente giustificabili davanti all'opinione pubblica

---

[22] Y. GUICHAOUA, *The Bitter Harvest of French Interventionism in the Sahel*, in «International Affairs» Vol. 96, No. 4, 2020, pp. 895-911. Consultato in data 1/10/2023 al link: https://academic.oup.com/ia/article-abstract/96/4/895/5866425?redirectedDa=fulltext

[23] A. BABA, S. CORBET, *13 French soldiers killed in helicopter collision in Mali*, in «AP News», 26 20 Novembre19. Consultato in data 1/10/2023 al link: https://apnews.com/article/9bc294a465f147a2ad77eefbf9f35f4a#

francese. Oltre ai costi in termini di supporto pubblico, anche i costi a livello economico divennero quasi insostenibili, o almeno ingiustificati, poiché nel 2020 l'operazione avrebbe usufruito del 75% del budget destinato alle operazioni militari esterne. In virtù di queste considerazioni il presidente francese si trovò costretto a ridiscutere la natura e gli obiettivi del dispositivo, sollecitando un maggior coinvolgimento dei partner africani ed europei.

Da questo punto prese il via un processo di ristrutturazione che, nell'ambito della Coalition pour le Sahel, portò all'introduzione di un nuovo framework operativo di cooperazione integrata tra la Francia, il G5 Sahel e i partner occidentali, fondato su quattro pilastri: lotta al terrorismo, rafforzamento delle capacità militari regionali, sostegno all'azione dello stato e delle amministrazioni sul territorio, aiuti allo sviluppo. La dimensione militare venne concretizzata attraverso la Taskforce Takuba, come annunciato il 27 marzo 2020. Il dispiegamento della nuova forza speciale europea avvenne sotto il comando di Barkhane, operante dalle basi di Gao, Ansongo e Ménaka, e aveva il mandato operativo di addestrare, assistere, accompagnare sul terreno le forze armate impegnate in attività di controterrorismo. Secondo il calendario programmatico, la taskforce sarebbe dovuta diventare pienamente operativa entro l'inizio del 2021, con un mandato totale di tre anni. Tuttavia, il processo subì dei rallentamenti a causa dell'iniziale apporto di truppe solo da parte di Francia ed Estonia, mentre le truppe di Svezia e Repubblica Ceca si sarebbero aggiunte nel 2021 dietro approvazione parlamentare[24].

---

[24] A. SCHMAUDER, Z. GORMAN, F. BERGER, *Takuba: A New Coalition for the Sahel?*, in «Clingendael Spectator», 30

Alla svolta rappresentata dalla Taskforce Takuba seguì,
nel 2021, un nuovo summit a N'Djamena, in Ciad, volto

Figura SEQ Figura * ARABIC 9 – Numero di truppe fornite per paese (Fonte: ISPI)

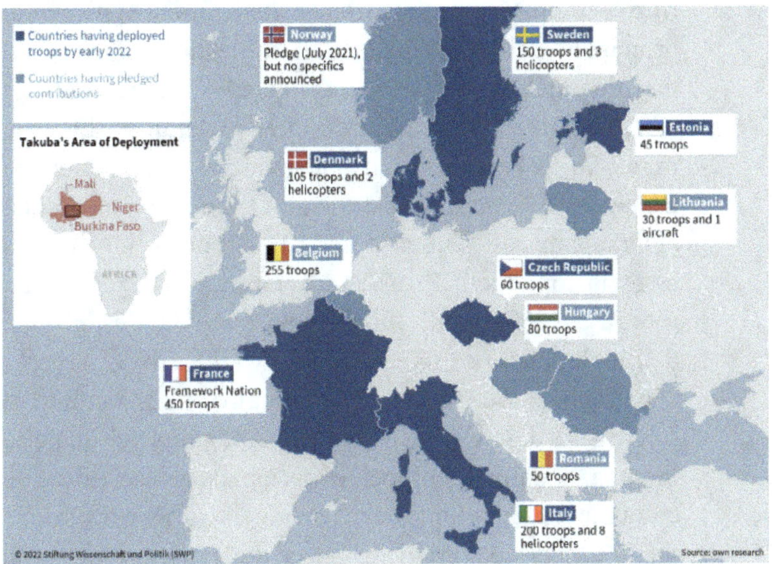

ad un incremento del contributo diretto alle operazioni
antiterrorismo, e ad un maggiore impegno diplomatico,
politico e di sviluppo, entrambi utili e preparatori ad un
graduale ritiro del dispositivo Barkhane.

Congiuntamente alle modalità di *burden sharing*
rinnovate con Takuba, è utile notare che rinnovate
tensioni tra Parigi e il governo di Bamako accelerarono
il disimpegno francese nell'area. Il 4 giugno 2021
Macron annunciò la sospensione della cooperazione
militare bilaterale con il Mali, in seguito al colpo di stato
avvenuto pochi giorni prima. Una settimana dopo venne
presentato il piano per il trasferimento di responsabilità

Giugno 2020. Consultato in data 1/10/2023 al link:
https://spectator.clingendael.org/en/publication/takuba-new-
coalition-sahel

militare, in termini di stabilizzazione dell'area, da Barkhane a Takuba e agli eserciti locali.

L'escalation diplomatica che seguì l'annuncio del parziale ritiro dei contingenti francesi dal Mali portò al ritiro completo degli effettivi nel 2022. Gli snodi principali dell'evoluzione della questione furono: il discorso del primo ministro maliano Choguel Maïga all'Assemblea Generale dell'ONU, durante il quale minacciò la Francia di un potenziale avvicinamento tra Bamako e potenze ostili all'Occidente, alludendo chiaramente alle voci circa un accordo in fase di negoziazione con i russi del Gruppo Wagner[25]. La rottura definitiva avvenne con l'espulsione dell'ambasciatore francese in Mali, Joël Meyer[26]. L'epilogo si verificò il 17 febbraio 2022, durante il summit tra UA-UE di Bruxelles, a seguito del quale la Francia, i partner europei e il Canada rilasciarono un comunicato congiunto che annunciava il ritiro delle forze militari dal Mali, a causa della mutazione nelle condizioni politiche legali e operative che avrebbero reso impossibile la prosecuzione dell'impegno militare di Barkhane e Takuba in Mali.

Non possiamo confermare l'impegno militare al fianco di autorità di cui non condividiamo né la strategia, né gli obiettivi nascosti. [...] La lotta al terrorismo non può giustificare tutto. E non deve trasformarsi in un esercizio

---

[25] Africa News, *Mali PM accuses France of "abandonment" over troop drawdown*, 26 Settembre 2021. Consultato in data 1/10/2023 al link: https://www.africanews.com/2021/09/26/mali-pm-accuses-france-of-abandonment-over-troop-drawdown//

[26] The Guardian, *Mali expels French envoy over remarks by foreign minister*, 31 Gennaio 2022. Consultato in data 1/10/2023 al link: https://www.theguardian.com/world/2022/jan/31/mali-expels-french-envoy-ambassador-joel-grey

di conservazione indefinita del potere, dietro il pretesto di priorità assolute. [...] In queste condizioni, la Francia e i partner impegnati nella lotta al terrorismo [...] hanno preso la decisione di ritirare la presenza militare dal Mali[27].

Ciò che seguì la dichiarazione fu la chiusura delle basi di Gao, Gossi e Ménaka, e la riarticolazione del dispositivo attraverso la riallocazione delle truppe tra il Niger e gli stati del golfo di Guinea, in modo tale da prevenire l'espansione dell'influenza jihadista agli stati costieri.

La risposta di Bamako fu un comunicato nel quale si denunciò la decisione unilaterale francese, in violazione degli accordi in essere, e si ordinò il ritiro immediato di tutti gli effettivi di Barkhane e Takuba sotto la supervisione delle forze armate maliane[28].

La crisi franco-maliana ha messo in luce i punti deboli della politica francese in Africa. Tra questi si possono trovare il trattamento contradittorio dei governi autoritari, alcuni approcci militari inefficaci, e in ultimo un forte paternalismo. Gli sforzi militari nel Sahel portati avanti da Macron, che hanno rappresentato il più grande dispiegamento straniero dai tempi della guerra in Algeria, hanno reso evidente un sostanziale fallimento nel riplasmare e ridurre il coinvolgimento militare francese. Il quadro delineato dagli sviluppi avvenuti tra

---

[27] Conférence de presse sur l'engagement de la France et de ses partenaires au Sahel, Elysée,17 febbraio 2022. Consultato in data 1/10/2023 al link: https://www.elysee.fr/emmanuel-macron/2022/02/17/conference-de-presse-sur-lengagement-de-la-france-et-de-ses-partenaires-au-sahel

[28] Communiqué N. 019 Du Gouvernement de la Transition, Ministère de l'Administration Territoriale et de la Décentralisation – Mali, 18 Febbraio 2022. Consultato in data 1/10/2023 al link: https://www.facebook.com/matdmali/posts/140051429038052 1/

il 2019 e il 2022, mette in luce come il ritiro sia stato imposto dalle giunte militari saheliane, trasformandolo in una risposta necessaria piuttosto che una decisione volontaria.

Tra le cause dell'insuccesso francese si può senz'altro trovare un'incapacità di far corrispondere una costruzione delle basi di consenso e legittimazione ai risultati tattici positivi sul campo. A questo proposito, nonostante le ragioni primarie dell'intervento francese nel Sahel fossero ancorate a considerazioni di sicurezza, il progetto e l'attuazione sono stati caratterizzati da una logica burocratica e depoliticizzata, in contrasto con le rivendicazioni di carattere intrinsecamente politico avanzate dai manifestanti nelle capitali saheliane in merito alle proprie condizioni. Sebbene questa caratteristica, di per sé, non implichi una deviazione significativa rispetto ad altri interventi antiterrorismo in Africa, la riluttanza della Francia nel promuovere un dialogo tra le parti contribuisce a generare una distorsione sostanziale nel panorama politico interno, dando luogo a una contestazione fortemente centrata sul concetto di sovranità nazionale.

Un fattore aggiuntivo è dato dall'evidente sottovalutazione, da parte di Macron, delle profonde radici storiche dell'ostilità locale nei confronti della Francia, interpretandola come il risultato di manovre politiche e comunicative da potenze rivali come Russia e Cina, o da demagoghi locali. Il messaggio percepito dalle popolazioni saheliane è quello di un governo francese incapace o riluttante nel mettere in discussione le proprie politiche passate ed attuali[29].

---

[29] D.M. TULL, *France's Africa Policy under President Macron. Good Intentions, Partial Reform and the Fiasco in the Sahel*, IN «Stiftung Wissenschaft und Politik. Deustchs Institut für Internationale Politik und Sicherheit», 2023. Consultato in data 1/10/2023 al link: https://www.swp-

IV.   Criticità e prospettive future della riconfigurazione dell'intervento occidentale

A distanza di un decennio dall'inizio delle politiche di assistenza militare internazionale portate avanti in maniera massiccia, si può affermare che sia in corso una ridefinizione degli equilibri politici del Sahel centro-occidentale. Tracciando un rapido quadro della situazione, il 2022 vide un generale aumento degli attentati terroristici e della violenza perpetrata ai danni della popolazione da diversi attori locali[30], oltre a ciò, a destare ulteriore preoccupazione si aggiunge l'ondata di colpi di stato avvenuti tra il 2020 e il 2022[31] in tutto il Sahel inteso come fascia geografica, come evidenziato dalla figura 12.

---

berlin.org/publikation/frances-africa-policy-under-president-macron

[30] L. SERWATT, S. DEETLEFS, A. D. FRANCISCO, *Regional Overview: Africa 21-27 May 2022*, in «Armed Conflict Location & Event Data Project», 1 Giugno 2022. Consultato in data 15/10/2023 al link: https://acleddata.com/about-acled/

[31] Congressional Research Service, *"An Epidemic of Coups" in Africa? Issues for Congress*, 11 Febbraio 2022. Consultato in data 15/10/2023 al link: https://crsreports.congress.gov/product/pdf/IN/IN11854

Figura SEQ Figura * ARABIC 12 - Colpi di Stato in Sahel tra il 2020 e il 2022
(Fonte: Congress Research Service)

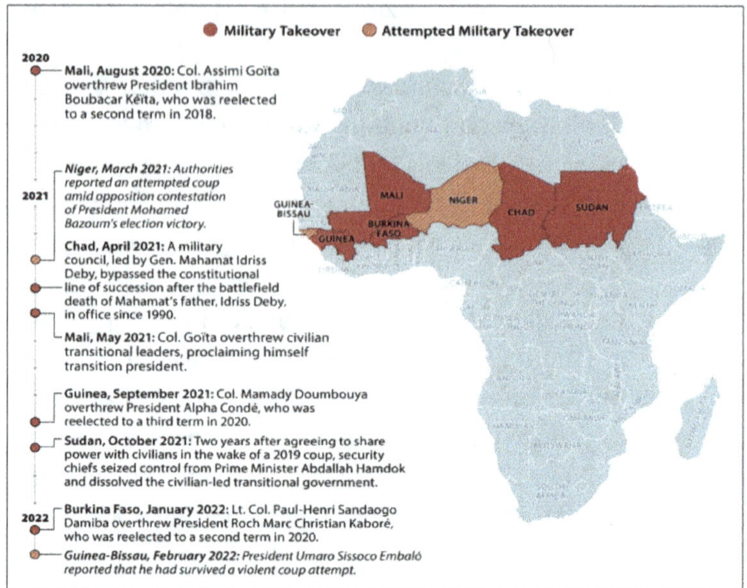

Come dimostra il caso esemplificativo del Mali, le crisi sociali, la mancanza di istituzioni solide ed una generale malagestione della politica, ha come conseguenza la condizione di instabilità perpetua delineata. La necessità di una risposta rapida all'aggravarsi dei conflitti e della violenza perpetrata da gruppi terroristici hanno reso l'approccio occidentale fortemente tecnico ed incentrato sull'aspetto militare, molto spesso favorendo il sistema clientelare e predatorio di alcuni regimi locali e la loro conseguente perdita di legittimità[32]. In questo frangente, è utile sottolineare che i finanziamenti e gli aiuti destinati al rafforzamento delle forze armate locali non

---

[32] S. D'AMATO, Sahel: gli impegni, le sfide e le questioni aperte per l'Europa, in «Istituto per gli Studi di Politica Internazionale», 14 Luglio 2023. Consultato in data 15/10/2023 al link: https://www.ispionline.it/it/pubblicazione/sahel-gli-impegni-le-sfide-e-le-questioni-aperte-per-leuropa-135601

ha fatto altro che aumentare le rimostranze sociali, soprattutto a seguito delle violenze e gli abusi subiti da attori statali e dal loro network di aiuti occidentali[33]. A minare ulteriormente l'efficacia delle operazioni a guida occidentale è stato il deterioramento e la rottura definitiva delle relazioni diplomatico-politiche tra Francia e Mali, che ha avuto conseguenze anche sulla collaborazione europea: infatti, l'11 aprile 2022, il vicepresidente della Commissione Europea, Josep Borrell, ha formalizzato la sospensione di tutti i programmi di addestramento militare nel paese[34].

Oltre alla tensione tra stati locali e paesi occidentali, si aggiunge un complesso quadro di tensioni regionali all'interno del G5 Sahel. Il 15 maggio 2022 il Mali lasciò l'organizzazione dopo che gli altri membri non consentirono alle autorità transitorie maliane di guidare la presidenza del gruppo[35]. Un fattore addizionale che indica l'esistenza di attriti è costituito dall'approvazione delle sanzioni economiche contro il Mali da parte dell'ECOWAS, utilizzate in risposta alla decisione di

---

[33] F. BERGER, *Human Rights Abuses: A Threat to the Security Sector Reforms in the Sahel*, in «Istituto per gli Studi di Politica Internazionale», 15 Febbraio 2021. Consultato in data 15/10/2023 al link: https://www.ispionline.it/en/publication/human-rights-abuses-threat-security-sector-reforms-sahel-29303

[34] Euractiv, EU ends part of Mali training mission, fearing Russian interference, Borrell says, 12 Aprile 2022. Consultato in data 15/10/2023 al link: https://www.euractiv.com/section/global-europe/news/eu-ends-part-of-mali-training-mission-fearing-russian-interference-borrell-says/

[35] Africanews, Mali's withdrawal da G5 Sahel effective da June 30, 17 Giugno 2022. Consultato Ii data 15/10/2023 al link: https://www.africanews.com/2022/06/17/malis-withdrawal-da-g5-sahel-effective-da-june-30/

rinviare le elezioni democratiche del 2022[36].

L'insieme di avvenimenti appena descritti ha aperto le porte a numerosi attori internazionali che rendono il quadro ancora più complesso ed eterogeneo. Oltre alla Federazione Russa, che ricopre il ruolo principe nella competizione con l'Occidente, la Cina risulta attiva principalmente in iniziative di penetrazione dei mercati africani e di accesso privilegiato a risorse naturali e minerarie. Tra gli strumenti utilizzati è presente la *Belt and Road Initiative*, inizialmente destinata solo ad Africa orientale e al golfo di Guinea, per poi arrivare alla regione saheliana tra il 2018 e il 2019 in Mauritania, Ciad, Mali e Niger, e dal 2021 anche in Burkina Faso[37]. Non mancano all'appello aiuti militari, sebbene siano stati implementati in tempi più recenti rispetto alle potenze occidentali. Nel 2019 Pechino ospitò il primo China-Africa Peace and Security Forum, durante il quale venne posto un forte accento sul rafforzamento delle capacità civili e militari, nonché sulla cooperazione in materia di lotta al terrorismo. Altro ambito in cui la Cina è molto attiva è la partecipazione alle missioni di peacekeeping ONU, all'interno delle quali si colloca tra i maggiori contributori di forze[38].

---

[36] F.K. AUBYN, ECOWAS Sanctions Against Mali Necessary, but May Be Counterproductive, in «IPI Global Observatory», 2 Febbraio 2022. Consultato in data 15/10/2023 al link: https://theglobalobservatory.org/2022/02/ecowas-sanctions-against-mali-necessary-but-may-be-counter-productive/

[37] D. SACKS, *Countries in China's Belt and Road Initiative: Who's In and Who's Out*, in «Council on Foreign Relations», 2021. Consultato in data 15/10/2023al link: https://www.cfr.org/blog/countries-chinas-belt-and-road-initiative-whos-and-whos-out

[38] J.P. CABESTAN, *China's Involvement in Africa's Security: The Case of China's Participation in the UN Mission to Stabilize Mali*, in «The China Quarterly», n. 235, luglio 2018, p.11. Consultato in data 15/10/2023 al link:

Un altro attore che si è andato affermando negli ultimi anni è la Turchia, con una posizione peculiare in virtù della propria appartenenza all'Allenza Atlantica. La partecipazione turca ebbe origine nel 2005, anno definito dalla "Year of Africa" agenda, espletata nel corso degli anni seguendo una strategia di espansione politico-economica in Africa occidentale basata sugli investimenti infrastrutturali, programmi di assistenza umanitaria e interventi di cooperazione allo sviluppo[39]. Nel 2020, la presidenza nigerina di Mohamed Bazoum fornì ad Ankara la condizione per proiettare la propria ambizione di potenza anche nel Sahel. In questo contesto venne concluso un accordo di difesa nel luglio del 2021, che prevedeva l'attuazione di programmi di condivisione di intelligence, capacity building e addestramento delle forze armate, nonché l'acquisto di armamenti militari (droni da combattimento Bayraktar TB2)[40]. Nello stesso anno ebbe luogo la visita del ministro degli Esteri turco, Mevlüt Çavuşoğlu, al colonnello Goïta, durante la quale assicurò il sostegno per una transizione politica e lo

---

https://www.cambridge.org/core/journals/china-quarterly/article/abs/chinas-involvement-in-africas-security-the-case-of-chinas-participation-in-the-un-mission-to-stabilize-mali/0EA2229599D6B0C6755993C494F0F928

[39] S. Özkaraşahin, *Turkey's approach to Africa can shed light on NATO's future engagement on the continent*, in «Atlantic Council», 20 Dicembre 2023. Consultato in data 26/12/2023 al link:
https://www.atlanticcouncil.org/blogs/turkeysource/turkeys-approach-to-africa-can-shed-light-on-natos-future-engagement-on-the-continent/

[40] J. MARCOU, *La Turquie, une nouvelle puissance africaine*, in «Orient XXI», 18 Gennaio 2022. Consultato in data 15/10/2023 al link: https://orientxxi.info/magazine/la-turquie-une-nouvelle-puissance-africaine,5291

stabilimento di un ordine costituzionale[41]. Nonostante l'impegno militare turco nel Sahel, esso risulta irrisorio se confrontato con la portata del *soft power* esercitato. A questo proposito, si sottolineano i numerosi progetti di cooperazione umanitaria per le comunità locali, la costruzione di moschee in Mali e Niger, senza dimenticare il sostegno all'integrazione dei mercati regionali[42]. Questi fattori concorrono, senza dubbio, alla narrazione di una Turchia come una potenza benevola, identificata come un partner naturale degli stati africani per considerazioni politiche e culturali, con un particolare rilievo della dimensione religiosa, tanto più dell'Islam politico.

In ultimo, tra gli attori coinvolti nella cooperazione di sicurezza saheliana, risultano le potenze del Golfo, specificatamente Arabia Saudita, Emirati Arabi Uniti (EAU) e Qatar. Dal 2017, l'Arabia Saudita è coinvolta in attività di finanziamento e fornitura di mezzi nell'ambito di un accordo di cooperazione per la lotta al terrorismo, al crimine organizzato e ai traffici illeciti[43]. Altro attore coinvolto, in linea con gli obiettivi di Riyad, sono gli EAU, che nello stesso anno annunciarono un impegno economico di, rispettivamente, 100 milioni e 30 milioni di euro destinati alla lotta al terrorismo jihadista nei

---

[41] The New Arab, *Turkey eyes fresh opportunities in post-coup Mali*, 18 Settembre 2020. Consultato in data 15/10/2023 al link: https://www.newarab.com/news/turkey-eyes-new-opportunities-post-coup-mali
[42] H. ARMSTRONG, *Turkey in the Sahel*, in «International Crisis Group», 27 Luglio 2021. Consultato in data 15/10/2023 al link: https://www.crisisgroup.org/africa/sahel/turkey-sahel
[43] P. MELLY, Mauritania's Unfolding Landscape. Elections, Hydrocarbons and Socio-Economic Change, in «Chatham House», p. 7. Consultato in data 15/10/2023 al link: https://www.chathamhouse.org/sites/default/files/2019-04-11-Mauritania%27s%20Unfolding%20Landscape.pdf

paesi del G5 Sahel, attraverso la Islamic Military Coalition against Terrorism (IMCTC)[44]. Nel 2020 seguì un ulteriore tassello che compone la strategia dell'Arabia Saudita e degli EAU: a margine di un incontro a Riyad, venne firmata una serie di protocolli di intesa in materia di addestramento tecnico delle truppe mauritane[45]. Inoltre, si ricorda lo stanziamento, da parte degli EAU, di 2 miliardi di dollari volti allo sviluppo delle infrastrutture portuali in Mauritania[46], nonché la creazione, nel 2016, di un'accademia militare per l'addestramento delle forze del G5 Sahel[47].

Si inserisce, nel Sahel, una riproduzione delle rivalità del Golfo tra Arabia Saudita ed EAU, e il Qatar, accusato di connivenza con l'Iran e di appoggio ai dettami della Fratellanza Musulmana. Infatti, le strategie di cooptazione degli stati saheliani attraverso gli incentivi economici e accordi di assistenza militare sopra descritti, servivano all'asse saudita-emiratino ad isolare diplomaticamente il Qatar. Per superare la situazione di

---

[44] France24, *S. Arabia pledges $100 million and UAE $30 million for Sahel anti-terror force*, 13 Dicembre 2017. Consultato in data 15/10/2023 al link: https://www.france24.com/en/20171213-africa-counter-terrorism-sahel-saudi-arabia-pledges-100-million-uae-g5-macron

[45] E. ARDEMAGNI, *The UAE's Military Training-Focused Foreign Policy*, in «Carnegie Endowement for International Peace», 22 Ottobre 2020. Consultato in data 15/10/2023 al link: https://carnegieendowment.org/sada/83033

[46] The New Arab, *UAE injects $2 bn investment into Mauritania in latest Africa expansion*, 3 Febbraio 2020. Consultato in data 15/10/2023 al link: https://www.newarab.com/news/uae-allocates-2-bn-investment-mauritania

[47] J.L. SAMAAN, *The UAE's investment in Mauritania will help stabilise the wider sub-Sahara*, in «The National News», Gennaio 2020. Consultato in data 15/10/2023 a link: https://www.thenationalnews.com/uae/government/sheikh-mohamed-bin-zayed-meets-president-of-mauritania-1.973020

isolamento, il Qatar promise a Burkina Faso e Mali degli investimenti in infrastrutture, servizi sociali e nella lotta contro i gruppi armati jihadisti. Nel 2018 vennero ripristinate le relazioni diplomatiche con il Ciad attraverso un protocollo d'intesa. Burkina Faso e Mali beneficiarono anche dal fronte qatarino, seppur in minor misura: vennero donati, nel 2018, 24 veicoli blindati sia a Bamako sia a Ouagadougou[48].

L'impegno delle potenze del Golfo risponde ad una necessità di dimostrare la volontà di contrastare i fenomeni di estremismo islamico, in risposta alle accuse di favoreggiamento di simili ideologie e pratiche[49].

V.   Conclusioni

Tra politiche di continuità e rotture sia nei rapporti sia nelle strategie di intervento, ciò che rimane evidente è che la situazione non è mai stata così instabile ed insicura, a causa del vasto controllo delle milizie jihadiste e della presenza di governi frutto dell'ondata di colpi stato avvenuta tra il 2020 e il 2021. Per quanto gli attori internazionali coinvolti non possano essere considerati colpevoli in maniera diretta del peggioramento della crisi, è evidente che gli sforzi di stabilizzazione sono stati poco efficaci nell'affrontare le cause profonde di un'instabilità che non ha fatto altro che estendersi e peggiorare.

---

[48] Reuters, *Qatar sends 24 armoured vehicles to Mali*, 26 Dicembre 2018. Consultato in data 15/10/2023 al link: https://www.reuters.com/article/us-qatar-mali-aid-idUSKCN1OP0KO/

[49] E. URSU, *Da China to the Gulf Countries: The Impact of Foreign Powers on Governance in the Sahel*, in B. Venturi (a cura di), *Governance and security in the Sahel: Tackling Mobility and Demography and Climate Change*, Roma, Edizioni Nuova Cultura, PP. 125-144.

Dal punto di vista europeo, si può affermare che la creazione di un patchwork di interventi destinato al controterrorismo rappresenti un solido passo avanti rispetto all'approccio dicotomico tipico che non tiene in considerazione diversi tipi di cooperazione a diversi livelli di governance. Tuttavia, la rottura dei rapporti tra Bamako e Parigi mina in maniera imponente la solidità dell'intero sistema di cooperazione regionale, che pur avendo avuto un'efficacia limitata, ha costituito un pilastro cruciale per il supporto degli stati del G5 Sahel. È utile aggiungere che il ritiro francese dal Mali assume un significato ancora più importante se si considera il momento in cui è avvenuto: in un contesto di forte polarizzazione globale che favorisce l'inserimento di nuovi attori che vanno a riempire il vuoto politico-securitario lasciato dalla Francia. Quest'ultimo punto rappresenta lo snodo centrale del presente studio: l'ingresso e la riaffermazione di potenze regionali sul dossier saheliano – come Russia, Turchia, Cina e monarchie del Golfo – suggeriscono che l'intervento nel Sahel stia evolvendo verso una nuova fase, contraddistinta da una competizione geopolitica tra attori con interessi divergenti. Inoltre, questo confronto geopolitico sembra suggerire la creazione di un nuovo campo di battaglia per attori di diversa natura che approfittano del caos politico e istituzionale per il raggiungimento dei propri interessi a discapito della stabilizzazione della regione. Questa prospettiva mette in luce come lo spazio di manovra per l'Occidente potrebbe essere limitato, così come può esserlo per le élite locali e anche per i gruppi armati, rischiando di aumentare ulteriormente l'instabilità e generare nuove conseguenze disastrose sul territorio. La frammentazione derivante sta facilitando la costituzione di una nuova arena di competizione tra l'Occidente e la Russia, che sembra

essere intenzionata a sostituire la storica presenza
francese nel Sahel.

Bibliografia

Africa News. "Mali PM Accuses France of 'Abandonment' over Troop Drawdown." September 26, 2021. Accessed October 1, 2023. https://www.africanews.com/2021/09/26/mali-pm-accuses-france-of-abandonment-over-troop-drawdown//.

Baba, A., and Corbet. S. "13 French Soldiers Killed in Helicopter Collision in Mali." AP News, November 26, 2019. Accessed October 1, 2023. https://apnews.com/article/9bc294a465f147a2ad77eefbf9f35f4a#.

Bergamaschi, I. "French Military Intervention in Mali: Inevitable, Consensual Yet Insufficient." Stability: International Journal of Security and Development 2, no. 2, Art. 20. Accessed October 1, 2023. https://stabilityjournal.org/articles/10.5334/sta.bb.

Berger, F. "Human Rights Abuses: A Threat to the Security Sector Reforms in the Sahel." Istituto per gli Studi di Politica Internazionale, February 15, 2021. Accessed October 15, 2023. https://www.ispionline.it/en/publication/human-rights-abuses-threat-security-sector-reforms-sahel-29303.

Bøås, M. EU Migration Management in Africa: The Case of Agadez in Niger. ISS Africa Report no. 20, 2019.

Casola, C. Sahel. Conflitti, Migrazioni e Instabilità a Sud del Sahara. Bologna. Il Mulino, 2022.

"Communiqué N. 019 Du Gouvernement de la Transition." Ministère de l'Administration Territoriale et de la Décentralisation – Mali, February 18, 2022. Accessed October 1, 2023.

https://www.facebook.com/matdmali/posts/1400514290
380521/.

Congressional Research Service. "'An Epidemic of
Coups' in Africa? Issues for Congress." February 11,
2022. Accessed October 15, 2023.
https://crsreports.congress.gov/product/pdf/IN/IN11854.

"Conférence de Presse sur l'Engagement de la France et
de ses Partenaires au Sahel." Elysée, February 17, 2022.
Accessed October 1, 2023.
https://www.elysee.fr/emmanuel-
macron/2022/02/17/conference-de-presse-sur-
lengagement-de-la-france-et-de-ses-partenaires-au-sahel.

"CT-MORSE Counter-terrorism Monitoring, Reporting
and Support Mechanism." Accessed October 1, 2023.
https://ct-morse.eu.

D'Amato, S. "Patchwork of Counterterrorism: Analyzing
European Types of Cooperation in Sahel." International
Studies Review 23 (2021): 1518-1540. Accessed
October 1, 2023.
https://academic.oup.com/isr/article/23/4/1518/6295091.

D'Amato, S. "Sahel: Gli Impegni, Le Sfide e Le
Questioni Aperte per l'Europa." Istituto per gli Studi di
Politica Internazionale, July 14, 2023. Accessed October
15, 2023.
https://www.ispionline.it/it/pubblicazione/sahel-gli-
impegni-le-sfide-e-le-questioni-aperte-per-leuropa-
135601.

"EU-Africa Declaration on Migration and Mobility."
2014. Accessed October 1, 2023.
https://www.europarl.europa.eu/cmsdata/122476/Declar
ation%20migration%20mobility%204th%20EU-
Africa%20summit.pdf.

"EU's Global Engagement: A Database of the EU Common Security and Defence Policy Military Operations and Civilian Missions Worldwide." Accessed October 1, 2023. https://globalgovernanceprogramme.eui.eu/research-project/eu-global-engagement-database/.

"EUCAP Sahel Mali – About Us." September 15, 2021. Accessed October 1, 2023. https://www.eeas.europa.eu/eucap-sahel-mali/about-eucap-sahel-mali_en?s=331.

European Commission. "Annexe IV à l'Accord Instituant le Fonds Fiduciaire, European Union Emergency Trust Fund for Stability and Addressing Root Causes of Irregular Migration and Displaced Persons in Africa, et ses règles internes. Document d'action du Fonds Fiduciaire de l'UE à utiliser pour les décisions du comité de gestion." Accessed October 1, 2023. https://ec.europa.eu/europeaid/node/108624_en.

European Union External Action. "The EUCAP Sahel Niger Civilian Mission." 2016. Accessed October 1, 2023. https://eeas.europa.eu/archives/csdp/missions-and-operations/eucap-sahel-niger/pdf/20160719-factsheet-eucap-sahel-niger_1_en.pdf.

"EUROGENDFOR." Accessed October 1, 2023. https://eurogendfor.org.

Furness, M., and E. Gänzle. "The Security-Development Nexus in European Union Foreign Relations After Lisbon: Policy Coherence at Last?" Development Policy Review 25, no. 4 (2017): 475-492.

Guichaoua, Y. "The Bitter Harvest of French Interventionism in the Sahel." International Affairs 96, no. 4 (2020): 895-911. Accessed October 1, 2023.

https://academic.oup.com/ia/article-abstract/96/4/895/5866425?redirectedDa=fulltext.

Hillebrand, C. Counter-Terrorism Network in the European Union; Maintaining Democratic Legitimacy After 9/11. Oxford: Oxford University Press, 2012.

Lopez, E. L. "Performing EU Agency by Experimenting the 'Comprehensive Approach': The European Union Sahel Strategy." Journal of Contemporary African Studies 35, no. 4 (2017): 451-468. Accessed October 1, 2023. https://www.tandfonline.com/doi/epdf/10.1080/0258900 1.2017.1338831?needAccess=true.

Powell, N. K. "Battling Instability? The Recurring Logic of French Military Interventions in Africa." African Security 10, no. 1 (2017): 47-72. Accessed October 1, 2023. https://www.jstor.org/stable/48598931?seq=1.

Rieker, P. French Foreign Policy in a Changing World. Practising Grandeur. Palgrave Macmillan, 2017.

Schmauder, A., Z. Gorman, and F. Berger. "Takuba: A New Coalition for the Sahel?" Clingendael Spectator, June 30, 2020. Accessed October 1, 2023. https://spectator.clingendael.org/en/publication/takuba-new-coalition-sahel.

Serwatt, L., S. Deetlefs, and A. D. Francisco. "Regional Overview: Africa 21-27 May 2022." Armed Conflict Location & Event Data Project, June 1, 2022. Accessed October 15, 2023. https://acleddata.com/about-acled/.

Shurkin, M. France's War in Mali: Lessons for an Expeditionary Army. Santa Monica: RAND Corporation, 2014.

The Guardian. "Mali Expels French Envoy Over Remarks by Foreign Minister." January 31, 2022. Accessed October 1, 2023. https://www.theguardian.com/world/2022/jan/31/mali-expels-french-envoy-ambassador-joel-grey.

Tull, D. M. "France's Africa Policy under President Macron. Good Intentions, Partial Reform and the Fiasco in the Sahel." Stiftung Wissenschaft und Politik. Deustches Institut für Internationale Politik und Sicherheit, 2023. Accessed October 1, 2023. https://www.swp-berlin.org/publikation/frances-africa-policy-under-president-macron.

Tull, D. M. "The European Union Training Mission and The Struggle For A New Model Army In Mali."

Biografia

Jaohara Hatabi è una studentessa del Master di II livello in Studi Strategici e Sicurezza Internazionale presso l'Istituto di Studi Militari Marittimi di Venezia. Ha recentemente conseguito una laurea magistrale in Politiche Europee e Internazionali presso l'Università Cattolica del Sacro Cuore di Milano. I suoi interessi accademici riflettono la sua volontà di condurre attività di ricerca multidisciplinare nel campo delle relazioni internazionali, storia militare e degli studi strategici.

Il ruolo della clausola Incoterm "Ex Works" nei contratti di compravendita internazionale: tra luogo di consegna e forum litis

Arianna Gugliotta - Contributo speciale, in collaborazione con ELSA Italy Law Review -

Abstract

Il presente contributo annota la sentenza della Cassazione a Sezioni Unite n. 11346 del 2023, la quale ha delineato un orientamento pacifico, prima assente, in materia di clausole Incoterms; in particolare, circa il ruolo della clausola incoterms Ex Works inserita in un contratto di compravendita internazionale. Difatti, la clausola EXW volta a determinare, su volontà delle parti, il luogo di consegna delle merci ha dei risvolti che vanno al di là del suo tenore puramente letterale; tra cui, nel rispetto del Reg. Bruxelles I *bis*, quello di incidere in caso di controversie sulla determinazione dell'organo avente giurisdizione.

This contribution annotates the Supreme Court's United Sections ruling No. 11346 of 2023, which outlined a previously absent peaceful orientation on Incoterms clauses; in particular, about the role of the incoterms Ex Works clause inserted in an international sale and purchase contract. In fact, the EXW clause aimed at determining, upon the will of the parties, the place of delivery of goods has implications beyond its literal tenor; including, in compliance with Reg. Brussels I bis, that of affecting the determination of the organ having jurisdiction in case of disputes.

Parole chiave: Clausola Incoterms Ex Works, Giurisdizione, Regolamento Bruxelles I bis, Contratti compravendita internazionale, Luogo consegna merci.

Keywords: Incoterms Ex Works Clause, Jurisdiction, Brussels I bis Regulation, International Sale and Purchase Contracts, Place of Delivery of Goods.

Cassazione civile, Sez. Unite, 2 maggio 2023, n. 11346

«In tema di vendita internazionale a distanza di beni mobili, l'inserimento della clausola Incoterms ex works nei documenti contrattuali sembra comportare, di regola, ossia in mancanza di ulteriori elementi che inducano a ritenere che le parti abbiano voluto diversamente, l'individuazione del luogo di consegna presso la sede o altro luogo indicato dal venditore, oltre che le modalità di consegna. La disciplina del passaggio dei rischi e dei costi del trasporto successivo paiono essere allora conseguenza della fissazione del luogo della consegna, con successive ricadute, ai sensi dell'art. 7, lett. b), primo trattino, del Reg. UE n. 1215 del 2012, in ordine al radicamento della giurisdizione».

———————————————

Il commento

Sommario: 1. Svolgimento dei fatti. – 2. Gli Incoterms e la clausola Ex-Works. – 3. Clausola EXW e giurisdizione internazionale: i precedenti orientamenti. – 4. La decisione delle Sezioni Unite – 5. Osservazioni conclusive.

1. *Svolgimento dei fatti.*

Con la pronuncia in epigrafe la Corte di cassazione è intervenuta a far luce sulla questione controversa dell'organo al quale attribuire la giurisdizione in caso di controversia nascente da contratto di compravendita internazionale di beni mobili, chiarendo, inoltre, la portata applicativa delle clausole Incoterms, in particolare della clausola Ex Works, inserite in tali contratti.

La controversia sulla quale è stata chiamata a pronunciarsi la Corte di cassazione a sezioni unite trae origine da un'opposizione a decreto ingiuntivo promossa da una società francese, la Plaisir Selection International S.a.r.l. (di seguito Plasir), a seguito dell'ingiunzione di pagamento ottenuta da una società italiana, la Tavina S.p.a. (di seguito Tavina), per il mancato pagamento da parte di Plasir di alcune forniture di bottigliette di acqua minerale.

Nello specifico, a seguito dell'emissione dal Tribunale di Brescia del predetto decreto ingiuntivo, Plasir presentava opposizione dinnanzi codesto Tribunale eccependo in via pregiudiziale il difetto di giurisdizione dei giudici italiani a vantaggio del giudice francese, ai sensi degli artt. 4, c. 1 e 7, n. 1, lett. b, del Reg. UE n. 1215/ 2012.

Il Tribunale di Brescia riteneva fondata l'eccezione di difetto di giurisdizione e, pertanto, revocava il decreto ingiuntivo opposto. Successivamente, la Corte di Appello di Brescia[1] muovendosi nella medesima

---

[1] Secondo la Corte d'Appello, ai sensi dell'art. 4 del Reg. UE n. 1215 del 2012, la giurisdizione si sarebbe, ordinariamente, radicata in Francia, ove aveva sede la Plaisir.

direzione rigettava l'appello promosso da Tavina (volto a contestare l'eccezione di difetto di giurisdizione del giudice italiano in virtù della clausola Incoterms Ex Works inserita dalle parti).

La società italiana promuoveva, pertanto, ricorso per Cassazione contestando l'eccezione di difetto di giurisdizione del giudice italiano in ragione della applicabilità al rapporto contrattuale della clausola Incoterm "Ex Works" contenuta nella documentazione dei rapporti contrattuali tra le due società.

La Prima sezione civile, riconosciuta la mancanza di un orientamento univoco[2] circa il ruolo assunto dalla

---

Successivamente, la Corte d'Appello riconosceva la giurisdizione del giudice francese anche ai sensi dell'art. 7, n. 1, lett. b), del Reg. cit., asserendo che «*l' inserimento della clausola Incoterms "ex works" nella documentazione dei rapporti tra Tavina e Plaisir non implicasse un automatico spostamento del luogo materiale di consegna delle merci, ove non accompagnata da elementi che confermassero tale scelta con chiarezza: in mancanza di tali riscontri, l' inserimento di tale clausola produce come unico effetto il solo trasferimento del rischio di perimento della merce. In breve, anche a voler ritenere che la clausola Incoterms "EXW (...) sia stata pattuita tra le parti (...) dalla clausola stessa non emerge un incontro di volontà chiaro ed inequivoco e non è ravvisabile una pattuizione volta ad attribuire con chiarezza al luogo indicato nella clausola valenza anche di luogo di consegna della merce ai fini del radicamento della giurisdizione*» (Cfr. CdA- Brescia 60/2021, pp. 15-16).

[2] Si noti che, con ord. interlocutoria n. 37506 del 2022 il Collegio rilevava che, già con ord. n. 20633 del 2022 le stesse Sezioni Unite , si erano pronunciate sulla medesima materia ritenendo che «*le controversie in tema di pagamento della merce fossero devolute (nel caso di specie, ai sensi del Regolamento UE 1215/2012) all'Autorità giudiziaria del luogo di consegna materiale dei beni e, quindi, del luogo dove ha sede il compratore, non ostando a tale conclusione l'inserimento di una clausola Incoterm "ex works" nel*

clausola Incoterm EXW all'interno di un contratto di compravendita internazionale, rimetteva la controversia alle Sezioni Unite.

2. *Gli Incoterms e la clausola ex-works*

Risulta necessario premettere, ai fini di una maggiore comprensione dell'analisi del caso di specie, che gli Incoterms *"International Commercial Terms"*[3] rappresentano un insieme di regole e termini standardizzati, volti a disciplinare i diritti e gli obblighi che sorgono in capo agli operatori del commercio internazionale, con l'obiettivo di mitigare le controversie che potrebbero sorgere dai rapporti transfrontalieri. Il contenuto degli Incoterms viene definito dalla Camera di Commercio Internazionale (ICC) in coerenza con gli usi del commercio internazionale[4], di cui l'edizione più

---

relativo contratto, laddove essa non sia accompagnata da specifiche pattuizioni volte ad attribuire con chiarezza al luogo di passaggio del rischio anche il valore di luogo di consegna della merce". Cfr. p.to 5 della sentenza annotata.

[3] Le clausole Incoterms derivano dal diritto dei mercanti sviluppatosi nel medioevo dalle pratiche degli operatori del commercio ed hanno assunto natura consuetudinaria. Per dottrina sulle origini degli Incoterms v. *ex multis* M. J. BONELL, *Le regole oggettive del commercio internazionale. Clausole tipiche e condizioni generali*, Giuffrè, 1976, pp.4-49; F. MARRELLA, La nuova lex mercatoria. Principi Unidroit ed usi dei contratti del commercio internazionale, in Tratt. Dir. comm. dir. pubbl. econ., Cedam, 2003, p.1001 ss.

[4] In dottrina per un orientamento contrario alla coincidenza degli Incoterms con gli usi commerciali cfr. N. BOSCHIERO, *Il coordinamento delle norme in materia di vendita internazionale*, Padova, 1990, p.134. Si noti che gli Incoterms sono clausole facoltative, perciò, deve attribuirsi rilevanza alla autonomia negoziale delle parti come precisato dalla guida della ICC agli Incoterms 2020: *"If parties want the Incoterms® 2020 rules to apply to their contract, the safest way to ensure this is to make that intention clear in their*

recente sono gli «Incoterms 2020»[5] composti da undici clausole standard[6]. Tra quest'ultime ad assumere

---

contract, through words such as "[the chosen Incoterms® *rule] [named port, place or point] Incoterms® 2020"*, cfr. ICC, *Incoterms 2020 – ICC Rules of the Use of Domestic and International Trade Terms*, Paris, 2019, p. 3; o ancora sul punto v. Higher cantonal court, Valais, Switzerland, 28 gennaio 2009: *"even the incoterms were not incorporated into the contract explicity or implicity, they are considered as rules of interpretation"*.

[5] Contenuti nella pubblicazione n. 737 della ICC. Per un approfondimento sugli Incoterms 2020 si veda *ex multis* G. DE MARINIS, D. P. ESPOSITO, *Trasporti internazionali di cose e ruolo dei termini di resa nel commercio internazionale*, in M. TUPPONI (a cura di), Manuale di diritto commerciale internazionale, Giappichelli, 2023, p. 271-279; F. MARRELLA, *Diritto del commercio internazionale*, Cedam, 2023, p. 397 ss.; A. ORTEGA GIMENEZ, *Incoterms 2020 y compraventa internacional de mercaderìas: teoria y practica*, Thomson Reuters Aranzad, 2020, p. 487 ss.; A. LEFEBVRE, Incoterms 2020: nouveaute´s et difficulte´s pratiques, in *Rev. jur. Themis*, 2019, p. 603 ss.; M. FAVARO, *Guida ragionata agli Incoterms 2020*, ICC Italia, 2020, p. 10 ss.; A. LA MATTINA, *Incoterms 2020: novità e sfide*, in *Dir. comm. internaz.*, 2020, p. 1043.
Per uno studio sui precedenti Incoterms 2010 v. *ex multis* G. TELLARINI, I *nuovi Incoterms 2010 della Camera di Commercio Internazionale*, in *Riv. dir. nav.*, 2010, p. 665 ss.; F. BORTOLOTTI, *Incoterms 2010, Norme Uniformi sulle garanzie, Principi UNIDROIT 2010 e Regolamento arbitrale CCI del 2012*, in *Giur. it.*, 2012, p. 1700 ss.

[6] Di undici clausole Incoterms: sette sono applicabili ad ogni tipo di trasporto (EXW-Ex Works, FCA- Free Carrier, CPT- Carriage Paid To, CIP- Carriage And Insurance Paid To, DPU- Delivered at Place Unloaded, DAP-Delivered At Place, DDP- Delivered Duty Paid) e quattro utilizzate esclusivamente per i trasporti via mare (FAS- Free Alongside Ship, FOB- Free On Board, CFR- Cost and Freight, CIF- Cost, Insurance and Freight).

rilevanza, nella decisione che si annota, è la clausola Ex-Works[7] (di seguito anche EXW).

In particolare, nel caso di specie, sia sulle fatture emesse dal venditore che negli ordini provenienti dall'acquirente, era stata riportata la clausola "EXW Italy" volta ad indicare il luogo dove il venditore si impegnava ad immettere la merce nella sfera dell'acquirente in Italia.

Orbene, rilevato l'inserimento della clausola EXW, la Suprema Corte si è pronunciata sulla valenza da attribuire al luogo della consegna[8] e, di conseguenza se la clausola in oggetto possa inferire ai fini della determinazione della giurisdizione.

3. *Clausola EXW e giurisdizione internazionale: i precedenti orientamenti.*

Nella fattispecie in esame, le Sezioni unite sono state chiamate a valutare l'organo giurisdizionalmente competente a giudicare una controversia sorta da un contratto di compravendita internazionale di beni mobili.

Come noto, nella materia *de quo*, trattandosi di società appartenenti a stati membri dell'Unione Europea, trova

---

[7] Le regole ICC definiscono la clausola come: *"ex works means that the seller delivers when it places the goods at the disposal of the buyer at the seller's premises or at another named place (i.e., works, factory, warehouse, etc.). The seller does not need to load the goods on any collecting vehicle, nor does it need to clear the goods for export, where such clearance is applicable"*.

[8] Le regole di consegna della merce assumono un ruolo rilevante all'interno del contratto di compravendita di beni mobili in quanto stabiliscono chi si farà carico dei rischi, costi, responsabilità.

applicazione il Regolamento UE, n. 1215/2012, cd. Bruxelles I bis[9].

Risulta necessario premettere come tale Regolamento in caso di controversie sorte in ambito contrattuale riconosca, a fianco alla regola generale del foro del domicilio del convenuto[10], una regola speciale, sancita dall'art. 7, n.1, a tenor della quale la competenza spetterebbe al giudice del luogo di esecuzione dell'obbligazione dedotta in giudizio[11].

Nello specifico, all'art. 7, n.1, lett. b), qualora la lite abbia ad oggetto la compravendita di beni, viene prevista un'ulteriore regola speciale incentrata sul luogo della consegna dei beni.

Per quanto rileva ai fini della presente trattazione, l'art. 7, n.1, lett. b) del Regolamento in esame dispone che «*Ai fini dell'applicazione della presente disposizione e salvo diversa convenzione, il luogo di esecuzione dell'obbligazione dedotta in giudizio è: nel caso della*

---

[9] Per un approfondimento sul Regolamento UE n.1215/2012 v. S. CARBONE, C. TUO, *Il nuovo spazio giudiziario europeo in materia civile e commerciale: il Regolamento UE n.1215/2012*, Trattato di diritto privato dell'unione europea, Giappichelli, 2016.

[10] Art. 4 Reg. UE, n. 1215/2012 secondo cui le persone domiciliate nel territorio di uno stato membro "*sono convenute, a prescindere dalla loro cittadinanza, davanti alle autorità giurisdizionali di tale Stato membro*".

[11] Per un approfondimento sulla giurisdizione in ambito di controversie internazionali in materia di compravendita internazionale di beni v. F. MARRELLA, *Diritto del commercio internazionale*, Cedam, 2023, p. 397 ss.; P. FRANZINA, *La compravendita internazionale di merci: competenza giurisdizionale e diritto applicabile*, libreriauniversitaria.it, 2018, p. 41 ss.; M. TUPPONI, *Manuale di diritto commerciale internazionale*, Giappichelli, 2023, p. 115 ss.

compravendita di beni, il luogo, situato in uno Stato membro, in cui i beni sono stati o avrebbero dovuto essere consegnati in base al contratto»[12].

In merito al campo applicativo della testé menzionata disposizione[13], con particolare riferimento anche alle clausole Incoterms contenute nei documenti contrattuali,

---

[12] Sul punto per effetto della specialità di tale disposizione preme richiamare la lett. c) dell'art. 7, 1), del Regolamento Bruxelles I bis, ai sensi del quale *"la lettera a) si applica nei casi in cui non è applicabile la lettera b)"*. Cfr. p.to 42 sent. CGUE, 9 dicembre 2013, causa C-9/12, Corman-Collins *«Infatti, tenuto conto della gerarchia stabilita tra la lettera a) e la lettera b) dalla lettera c) di tale disposizione, la norma sulla competenza prevista dall'articolo 5, punto 1, lettera a), del regolamento si applica solo in via alternativa e per esclusione rispetto alle norme sulla competenza di cui all'articolo 5, punto 1, lettera b), del medesimo».* (pronuncia riferita al Reg. 44/2001 oggi abrogato dal Reg. 1215/2012).
[13] Non vi sono dubbi circa l'applicabilità del Regolamento in materia di compravendita internazionale di merci, difatti, si noti che le SS.UU. Cass. già con ord. 5.10.2009, n. 21191 riconoscevano che *«In tema di vendita internazionale di cose mobili, qualora il contratto abbia ad oggetto merci da trasportare, il "luogo di consegna" va individuato in quello ove la prestazione caratteristica deve essere eseguita e come "luogo di consegna principale" va riconosciuto quello ove è convenuta l'esecuzione della prestazione ritenuta tale in base a criteri economici - ossia il luogo di recapito finale della merce, ove i beni entrano nella disponibilità materiale e non soltanto giuridica dell'acquirente -, con la conseguenza che sussiste la giurisdizione del giudice di tale Stato rispetto a tutte le controversie reciprocamente nascenti dal contratto, ivi compresa quella relativa al pagamento dei beni alienati, dovendosi ritenere che la disciplina stabilita dal Regolamento CE n. 44 del 2001 prevalga sulle disposizioni dettate, "in subiecta materia", dalla Convenzione di Vienna».*

preme richiamare la presenza di un orientamento ormai consolidato in seno alla Corte di Giustizia UE[14].

Nello specifico, il giudice comunitario con la c.d. sentenza *"Car Trim"*[15] ha riconosciuto al luogo della consegna pattuito tra le parti un ruolo predominante al fine dell'individuazione del giudice avente giurisdizione[16], attribuendo rilevanza alla comune

---

[14] Si precisa che le pronunce della CGUE attengono all'applicazione dell'art. 5 n. 1 del regolamento (CE) n. 44/2001, ora abrogato dall' art. 7 n. 1 del Reg. Bruxelles I bis, il quale contenuto è rimasto sostanzialmente immutato.

[15] Per dottrina in commento v. *E. MERLIN, Il foro speciale dei contratti di "compravendita di beni" nel Reg. 44/2001 non trova una definizione univoca nell'intervento della Corte di Giustizia*, in *Riv.dir. proc.*, 2011, p. 691 ss.; *P. FRANZINA, Struttura e funzionamento del foro europeo della materia contrattuale alla luce delle sentenze Car Trim e Woof Floor della Corte di giustizia*, in *Riv. dir. int. priv. proc.*, 2010, p. 633 ss.; *A. DE FRANCESCHI, Il foro europeo della materia contrattuale alla luce delle recenti acquisizioni della Corte di giustizia e delle Sezioni unite*, in *Int'l Lis*, 2010, p. 81 ss.; *R. PELEGGI, La competenza giurisdizionale nei contratti per la fornitura di beni da fabbricare o produrre e nella vendita con trasporto: a proposito di una recente pronuncia della Corte di giustizia europea*, in *Dir. comm. Int.*, 2010, p. 645.

[16] Cfr. CGUE, 25.2.2010, Car Trim, causa C-381/08 secondo cui in caso di contratto di compravendita di beni a distanza *«nel contesto dell'esame di un contratto, al fine di determinare il luogo di consegna ai sensi dell'art. 5, co.1, lett. b) il giudice nazionale deve tenere conto di tutti i termini e di tutte le clausole rilevanti di tale contratto, ivi compresi, eventualmente, i termini e le clausole generalmente riconosciuti e sanciti dagli usi del commercio internazionale».* *«il luogo in cui i beni sono stati o avrebbero dovuto essere consegnati in base al contratto deve essere determinato sulla base delle disposizioni di tale contratto. Se non è possibile determinare il luogo di consegna su tale base, senza far riferimento al diritto sostanziale applicabile al contratto, tale luogo è quello della consegna materiale dei beni mediante la quale l'acquirente ha conseguito o avrebbe dovuto conseguire*

volontà delle parti, tale da prevalere anche sul diritto sostanziale.

Ciò posto si necessitava di chiarire il rilievo da attribuire alle pattuizioni delle parti sul luogo della consegna soprattutto nel caso in cui il contratto comprende un rinvio a usi commerciali standard come gli Incoterms.

I giudici del Lussemburgo sono intervenuti ad apportare chiarezza sul punto con la pronuncia nota come *"Electrosteel"*, la quale, oltretutto, assume particolare rilevanza nel caso di nostro interesse in quanto si riferisce proprio alla clausola EXW.

In particolare, la Corte di Giustizia UE ha affermato l'idoneità della clausola EXW nel contesto delle controversie commerciali transnazionali, a determinare, in mancanza di elementi contrari, il luogo della consegna delle merci[17], e di conseguenza la giurisdizione[18].

---

il potere di disporre effettivamente di tali beni alla destinazione finale dell'operazione di vendita».
[17] Cfr. Sent. 9.6.2011, C-87/2010, nello specifico si affermava che «*il luogo in cui i beni sono stati o avrebbero dovuto essere consegnati in base al contratto deve essere determinato sulla base delle disposizioni di tale contratto. Se non è possibile determinare il luogo di consegna su tale base, senza far riferimento al diritto sostanziale applicabile al contratto, tale luogo è quello della consegna materiale dei beni mediante la quale l'acquirente ha conseguito o avrebbe dovuto conseguire il potere di disporre effettivamente di tali beni alla destinazione finale dell'operazione di vendita».* Per dottrina sul ruolo del luogo di consegna del bene in relazione al caso Electrosteel si veda *ex multis,* E. TREPPOZ, *Les Incoterms et le for contractuel au sens du re`glement n° 44/2001/CE,* in *Rev. contrats,* 2013, p. 173 ss.; P. PIRODDI, *Incoterms e luogo di consegna dei beni nel Regolamento Bruxelles I,* in *Riv. dir. int. priv. proc.,* 2011, p. 939; G. CARADONNA, *Competenza*

Occorre evidenziare, inoltre, come la Corte abbia riconosciuto la rilevanza del termine standard solo qualora questo sia idoneo a identificare con chiarezza il luogo della consegna[19].

A onor del vero, la giurisprudenza nazionale sul punto non si è fin da subito uniformata a quella comunitaria e non è sempre stata univoca, potendosi ravvisare diversi orientamentiin materia[20].

Tra questi, da ultimo, merita di essere richiamata l'ordinanza del 2022, n. 20633, in cui le medesime Sezioni unite investite della pronuncia in commento, ritenevano non idonea la clausola EXW, seppur convenuta dalle parti, a determinare un luogo di

---

giurisdizionale e individuazione del luogo di consegna dei beni, in *Giur. it.*, 2011, p. 506.

[18] Sul punto la CGUE affermava che «*Una clausola attributiva di competenza può essere conclusa non solo per iscritto o oralmente con conferma scritta, ma anche in una forma ammessa dalle pratiche che le parti hanno stabilito tra di loro o, nel commercio internazionale, in una forma ammessa da un uso che le parti conoscevano o avrebbero dovuto conoscere e che, in tale campo, è ampiamente conosciuto e regolarmente rispettato dalle parti di contratti dello stesso tipo nel ramo commerciale considerato"[...]"Non vi è motivo di ritenere che il legislatore dell'Unione abbia voluto escludere che si tenga conto di tali usi commerciali per l'interpretazione di altre disposizioni del medesimo regolamento e, in particolare, per la determinazione del tribunale competente ai sensi dell'art. 5, punto 1, lett. b), primo trattino*, di tale regolamento»

[19] Cfr. p.to 22 della Sentenza Electrosteel, C-87/2010.

[20] Tra gli orientamenti restrittivi nel riconoscimento delle clausole EXW v. *ex multis sent. SS.UU n. 15891 del 2022*; SS.UU Cass. n. 17566 del 2019; ord. SS.UU Cass.n. 32362 del 2018; ord. SS.UU Cass. n. 24279/2014, mentre tra gli orientamenti favorevoli v. SS.UU. Cass., 13 dicembre 2018, n. 32362; SS.UU. Cass., sent. del 28 giugno 2019, n.17566; Trib. Torino, Sez. VIII, 07/01/2021, n. 36.

consegna rilevante anche ai fini della competenza giurisdizionale[21].

4. *La decisione delle Sezioni Unite*

Quello poc'anzi analizzato è il ragionamento ricognitivo operato dalle Sezioni Unite al fine di ricostruire il significato da attribuire alla clausola EXW e se questa possa considerarsi idonea a determinare il foro competente[22].

Gli Ermellini, nel caso di specie, hanno adottato un approccio meno restrittivo rispetto alla precedente decisione in materia sopra richiamata e giungono ad uniformare il proprio orientamento a quello della CGUE.

Secondo il Collegio, il giudice, nel determinare il luogo di consegna, dovrà tener conto anche delle clausole e dei termini riconosciuti dal commercio internazionale, come

---

[21] Ord. Cass. Civ., SS.UU., 28 giugno 2022, n. 20633 in cui si stabilisce che «*Il riferimento alla dicitura (c.d. 'incoterm') 'ex works' [...] unilateralmente inserita nelle fatture [...] emesse per il pagamento di una fornitura commerciale non può valere, di per sé, come derogativa del criterio di attribuzione di giurisdizionale generale, in mancanza di un'espressa e chiara accettazione della clausola e, quindi, della formazione di un univoco accordo contrattuale sul punto, che, nel caso in questione, non si evince, non risultando desumibile - inequivocamente nemmeno da tutti gli altri* documenti prodotti in giudizio*».

[22] Per un commento maggiormente approfondito alla sentenza annotata si v. R. Torino, *Compravendita internazionale di merci: la clausola Ex Works (Incoterms 2020) è idonea a determinare di per sé il luogo di consegna della merce e la giurisdizione del giudice italiano*, in i *Contratti*, 5, 2023, pp. 475-485.

gli Incoterms, escluso il caso in cui si rinviene una diversa volontà delle parti[23].

Dunque, è respinta l'argomentazione fornita in secondo grado dalla Corte di Appello di Brescia in forza della quale il semplice richiamo (effettuato da entrambe le parti) alla clausola EXW non sia sufficiente a determinare il luogo di consegna della merce e che a tal fine sia invece necessario dimostrare l'esistenza di ulteriori riscontri chiari ed inequivoci che provino che le parti abbiano convenuto circa il luogo di consegna.

Difatti, gli Ermellini affermano che, salvo prova contraria, l'inserimento concordato dalle parti, nonché il costante richiamo, della clausola EXW nei documenti contrattuali è sufficiente a determinare il luogo di consegna della merce e ad incidere sul *forum litis*.

Pertanto, alla luce di quanto sopra argomentato, nel caso di specie, l'inserimento della clausola "EXW-Italy" mediante corrispondenza in tal senso fra ordini inviati dall'acquirente e fatture emesse dal venditore fa assumere rilevanza al luogo della consegna della merce

---

[23] *«Deve dunque concludersi che le clausole Incoterms "Ex Works", una volta inserite nel contratto, individuano anche il luogo di consegna della merce, salvo che dal contratto risultino diversi ed ulteriori elementi che inducano a ritenere che le parti abbiano voluto un diverso luogo della consegna. La loro corretta applicazione al caso di specie, una volta reputato che, per effetto dei molteplici richiami operati da entrambe le parti alla clausola "Ex Works", la medesima fosse divenuta parte integrante del contratto, porta invece ad affermare che, giusta l'efficacia della detta clausola, nei rapporti tra Tavina e Plaisir, il luogo della consegna della merce deve considerarsi sito in Italia e, conseguentemente, deve affermarsi la giurisdizione del Giudice italiano».*

previsto in Italia con il seguente riconoscimento della giurisdizione del Giudice italiano.

5. Osservazioni conclusive

Alla luce di quanto fin qui osservato, la conclusione a cui sono pervenute le Sezioni Unite risulta condivisibile ed in linea con l'orientamento europeo in precedenza adottato[24].

La pronuncia in commento appare, innanzitutto, significativa in quanto è volta ad apportare chiarezza e a delineare un orientamento pacifico della Cassazione, in una materia prima discussa e in cui si necessitava di un ripensamento[25].

La decisione a cui perviene il Collegio si mostra in linea con l'insegnamento della Corte di Giustizia ed è particolarmente ispirata al *favor* dell'autonomia contrattuale delle parti nel determinare il foro competente al sorgere di controversie.

---

[24] *Cfr. CGUE C-381/08, CGUE C-87/2010, CGUE C-196/15.*
[25] *Come prospettato in dottrina secondo cui «L'insieme delle considerazioni che precedono indica l'opportunita` di un profondo ripensamento dell'indirizzo di cui l'ordinanza delle Sezioni Unite del 28 giugno 2022 rappresenta la piu` recente espressione. Tenuto conto dell'importanza pratica dell'art. 7 n. 1 del regolamento Bruxelles Ibis, specie in un Paese come l'Italia, che affida buona parte dei suoi scambi commerciali con l'estero a imprese piccole e medie, nei cui contratti e` relativamente infrequente incontrare delle clausole di electio fori, sembra infatti quanto mai utile che il problema del rilievo degli Incoterms rispetto alla determinazione del luogo di consegna possa ricevere dappertutto una risposta coerente alle indicazioni fornite dalla Corte di giustizia» Cfr. P. FRANZINA, Il ruolo degli incoterms nella determinazione convenzionale del luogo della consegna: note critiche sulla giurisprudenza della cassazione, in Riv. dir. int. priv. proc., 2022, p. 122.*

Difatti, la pronuncia in commento assume notevole importanza nei confronti delle parti coinvolte nella stipula di contratti di compravendita internazionale, le quali dovranno prestare attenzione alla scelta degli Incoterms da inserire nel Contratto.

In particolare, ciò con riferimento non solo al tenore puramente letterale (delle responsabilità e dei rischi che ne discendono in capo alle parti) ma anche da ciò che ne deriva in maniera implicita, come, infatti, avvenuto nel caso di specie ove il luogo di consegna indicato nella clausola EWX è stato determinante nell'individuazione dell'organo avente giurisdizione.

Punto focale dell'ordinanza che si annota è, infatti, l'attenzione prestata all'utilizzo degli Incoterms fatto dalle parti. Quest'ultimo, infatti, nel caso sia riconducibile alla comune volontà delle parti è volto ad indicare termini contrattuali anche non espressamente indicati nel contratto stesso né direttamente disciplinati dagli Incoterms come la giurisdizione[26].

Occorre, però, precisare che, la clausola Incoterms EXW assumerà rilevanza ai fini della determinazione della

---

[26] Sul punto, si noti autorevole dottrina che, nel commentare l'interpretazione data dalle SS.UU. nella medesima pronuncia in tale sede annotata circa la rilevanza della concorde volontà delle parti nell'inserimento della clausola EXW ha osservato come *«L'inevitabile effetto è quello di stabilire indubitabilmente, a beneficio della rapidità e certezza dei commerci internazionali, il luogo di consegna della merce e, ai fini che qui interessano, la giurisdizione che da ciò consegue. Del resto, una diversa interpretazione comporterebbe la privazione della principale utilità dell'inserimento della clausola Ex Works e una indebita svalutazione degli usi del commercio internazionale».* Cfr. R. TORINO, *Compravendita internazionale di merci: la clausola Ex Works*, op. cit. p. 485.

giurisdizione solo qualora vi sia la comune volontà delle parti, diverso, infatti, sarebbe il rilievo da attribuirsi nel caso in cui questa sia riconducibile alla volontà unilaterale di una delle parti.

È proprio quest'ultimo aspetto, in effetti, che deve essere oggetto di particolare attenzione in quanto può considerarsi il *discrimen* tra il precedente orientamento degli Ermellini (ordinanza n. 20633 del 2022) rispetto a quello oggetto di interesse in tale sede[27], tale per cui sarebbe scorretto parlare di cambio di rotta quanto piuttosto tale pronuncia assolve una funzione puramente esemplificativa.

Inoltre, dal caso di specie può desumersi che la clausola EXW contenente indicazione circa il luogo della consegna, assumerà rilievo nel determinare il giudice competente all'insorgere di controversie solo qualora il contratto non contenga già una clausola avente ad oggetto l'esclusività del foro competente a risolvere controversie.

In conclusione, se per un verso, tale pronuncia risulta chiarificatoria in materia di clausola Incoterms EXW,

---

[27] Si noti infatti che le Sezioni Unite nella sentenza in commento hanno osservato che " *Peraltro, ai fini di completezza della motivazione, ritiene il Collegio di dover sottolineare come la conclusione qui raggiunta non si ponga a ben vedere in contrasto con quanto invece affermato, nella precedente ordinanza n. 20633-2022, richiamata dall'ordinanza interlocutoria della Prima Sezione, atteso che in quel caso la soluzione risulta evidentemente indotta dal rilievo che si era al cospetto di un inserimento unilaterale della clausola "Ex Works", il che non permetteva di reputare raggiunta la "prova univoca dell'esistenza di un accordo tra le parti circa il luogo di consegna della merce"* (Cfr. p.to 6 parte finale della sentenza annotata).

per altro verso, sarebbe apprezzabile, al fine di guidare i giudici nazionali (e non solo) all'insorgere di future controversie in materia, un intervento più incisivo e chiarificatore circa la rilevanza generale degli Incoterms[28] nel momento in cui questi risultano inseriti per comune volontà delle parti all'interno di un contratto.

---

[28] Si consideri che con riferimento alle altre clausole Incoterms la giurisprudenza non sembra ancora essere giunta al medesimo riconoscimento. Cfr. Cass., Sez. Un., 28 giugno 2019, n. 17566 in caso di Incoterms FCA e Sez. Un., 13 dicembre 2018, n. 32362 relativamente alle clausole CIF.

Bibliografia

D. Amoroso, G. Zarra, *Gli Incoterms 2020 nei contratti di vendita internazionale*, A. Berlinguer (a cura di), *Il commercio internazionale nel mediterraneo*, Edizioni scientifiche italiane, 2021.

M. J. Bonell, *Le regole oggettive del commercio internazionale. Clausole tipiche e condizioni generali*, Giuffrè, 1976.

F. Bortolotti, *Incoterms 2010, Norme Uniformi sulle garanzie, Principi UNIDROIT 2010 e Regolamento arbitrale CCI del 2012*, in *Giur. it.*, 2012.

N. Boschiero, *Il coordinamento delle norme in materia di vendita internazionale*, Padova, 1990.

A. Busani, *Il contratto di compravendita internazionale*, Giappichelli, 2015.

G. Caradonna, *Competenza giurisdizionale e individuazione del luogo di consegna dei beni*, in *Giur. it.*, 2011.

S. Carbone, C. Tuo, *Il nuovo spazio giudiziario europeo in materia civile e commerciale: il Regolamento UE n.1215/2012*, Trattato di diritto privato dell'unione europea, Giappichelli, 2016.

G. De Marinis, D. P. Esposito, *Trasporti internazionali di cose e ruolo dei termini di resa nel commercio internazionale*, in M. Tupponi (a cura di), *Manuale di diritto commerciale internazionale*, Giappichelli, 2023.

M. Favaro, *Guida ragionata agli Incoterms® 2020*, ICC Italia, 2020.

P. Franzina, *La compravendita internazionale di merci: competenza giurisdizionale e diritto applicabile*, libreriauniversitaria.it, 2018.

P. Franzina, *Il ruolo degli incoterms nella determinazione convenzionale del luogo della consegna: note critiche sulla giurisprudenza della cassazione, in Riv. dir. int. Priv. Proc.*, 2022.

P. Franzina, *Struttura e funzionamento del foro europeo della materia contrattuale alla luce delle sentenze Car Trim e Woof Floor della Corte di giustizia, in Riv. dir. int. priv. proc.*, 2010.

F. Galgano, *Lex mercatoria*, Il Mulino, 2016.

ICC, *Incoterms 2020 – ICC Rules of the Use of Domestic and International Trade Terms*, Paris, 2019.

A. La Mattina, *Incoterms 2020: novità e sfide, in Dir. comm. internaz.*, 2020.

F. Marrella, *Diritto del commercio internazionale*, Cedam, 2023.

F. Marrella, *La nuova lex mercatoria*, Cedam, 2003.

E. Merlin, Il foro speciale dei contratti di "compravendita di beni" nel Reg. 44/2001 non trova una definizione univoca nell'intervento della Corte di Giustizia, in Riv.dir. proc., 2011.

A. Ortega Gimenez, *Incoterms 2020 y compraventa internacional de mercaderìas: teoria y practica*, Thomson Reuters Aranzad, 2020.

R. Peleggi, *La competenza giurisdizionale nei contratti per la fornitura di beni da fabbricare o produrre e nella vendita con trasporto: a proposito di una recente pronuncia della Corte di giustizia europea*, in *Dir. comm. int*, 2010.

P. Piroddi, *Incoterms e luogo di consegna dei beni nel Regolamento Bruxelles I*, in *Riv. dir. int. priv. proc.*, 2011.

F. Sbordone, *Contratti internazionali e lex mercatoria*, Edizioni scientifiche italiane, 2008.

G. Tellarini, *I nuovi Incoterms 2010 della Camera di Commercio Internazionale*, in *Riv. dir. nav.*, 2010.

R. Torino, *Compravendita internazionale di merci: la clausola Ex Works (Incoterms 2020) è idonea a determinare di per sé il luogo di consegna della merce e la giurisdizione del giudice italiano*, in *i Contratti*, 5, 2023.

E. Treppoz, *Les Incoterms et le for contractuel au sens du re`glement n° 44/2001/CE*, in *Rev. contrats*, 2013.

M. Tupponi, *Manuale di diritto commerciale internazionale*, Giappichelli, 2023.

Biografia

Arianna Gugliotta ha conseguito la laurea magistrale in giurisprudenza presso l'Università di Bologna "Alma mater studiorum", con votazione di 110/110, con tesi in Diritto degli Enti locali e correlazione in Diritto dei trasporti dal titolo *"La gestione in house del trasporto pubblico locale. Il caso di Roma capitale"*. Attualmente svolge la pratica forense presso Zunarelli-studio legale associato, approfondendo i settori di diritto della navigazione e dei trasporti. Dai mesi successivi alla laurea ha avuto il piacere di collaborare in ambito accademico con le cattedre degli insegnamenti afferenti al SSD IUS/06; in particolare, ha tenuto due seminari nell'ambito della cattedra di Diritto della logistica e dei trasporti presso la facoltà di giurisprudenza dell'Università degli Studi di Ferrara.

Altre pubblicazioni: A. Gugliotta, *L'inadempimento degli obblighi da parte del concessionario: la non automatica decadenza dalla concessione*, in Rivista Italiana di diritto del turismo, 41, 2024, pp 129-140.